LA NOBLESSE

DE NOS JOURS

A LA MÊME LIBRAIRIE :

DU MÊME AUTEUR

L'HOMME D'ARGENT. 1 VOL. . . . . 2 fr. 50 c.

ANGERS, IMPRIMERIE DE COSNIER ET LACHÈSE.

AMÉDÉE GOUËT

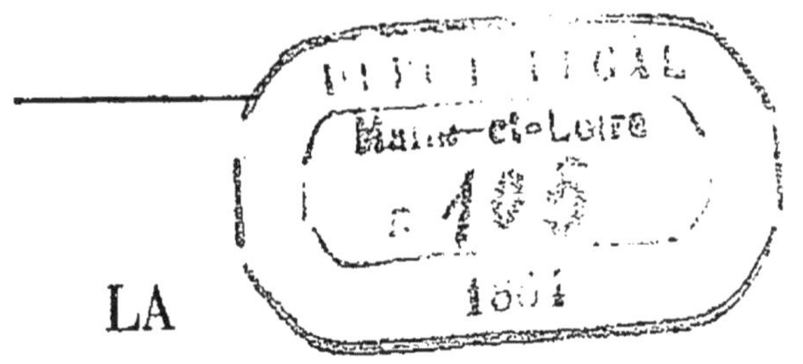

LA NOBLESSE DE NOS JOURS

PARIS

P. BRUNET, LIBRAIRE-ÉDITEUR
31, RUE BONAPARTE
1864

LA

NOBLESSE DE NOS JOURS

I

UN FILS ARTISTE

Il existe, à Paris, rue de Varennes, une maison neuve, coquette, légère, parée comme une jeune fille un jour de fête, de guirlandes de feuillage et de joyeux camées, souriant au passant par ses figures de pierre, et à laquelle le passant sourit.

Ce charmant séjour est séparé de la rue par une plate-bande de fleurs qui s'étend au pied du perron, riche, diaprée et brillante comme un tapis des Gobelins.

Par derrière se trouve un quinconce, ou plutôt un petit bois planté de grands arbres, environné de grands murs, un fouillis d'herbes, de broussailles et de plantes grimpantes, lieu inculte, humide et froid, d'un aspect sauvage, où le soleil ne pénètre jamais, et qui forme un contraste frappant avec l'air riant et embaumé du parterre, dessiné devant la façade de la maison.

En suivant un sentier, ouvert au milieu des broussailles du quinconce, on arrive dans l'arrière cour d'un vieil hôtel, ayant son entrée sur la rue de Grenelle-Saint-Germain.

Là, tout est sombre et austère. Les murailles du bâtiment sont grisaillées par les années. Ce sont d'épaisses murailles de pierre, percées de hautes croisées, où le ciseau du sculpteur n'a laissé aucune trace. On dirait un couvent ou les communs d'un château. Les appartements de l'intérieur, formés de grandes chambres, à haut plafond, ont une décoration surannée, mais où l'on distingue les vestiges d'une opulence aristocratique. Des dorures à demi effacées courent le long des lambris. Des écussons, des peintures, dues aux pinceaux de Watteau ou de Boucher, ornent les dessus de portes et les trumeaux des glaces.

Ce vieil hôtel était habité par la comtesse de Kernoë.

Le comte Robert, fils de la noble dame, occupait dans le pavillon donnant sur la rue de Varennes, la place que le cerveau occupe dans le corps humain : l'étage supérieur.

Il y avait établi un atelier d'artiste, où l'on voyait appendue aux murailles, en guise de décoration, une collection de jambes, de mains, de masques de plâtre, de gravures et de tableaux.

Au fond, on distinguait deux portraits placés l'un près de l'autre : celui d'une jeune fille représentée de grandeur naturelle, et celui d'une dame âgée.

Le sentier du quinconce servait de communication entre la mère et le fils.

Le fils était désigné dans le pavillon sous le nom de M. Robert; on ne le connaissait dans l'hôtel que sous le titre de comte de Kernoë. Ici, il figurait un noble personnage; là, un artiste peintre.

Au moment où nous pénétrons dans l'atelier, Chalus, un vieux serviteur, attaché à la famille depuis quarante années, venait de charger de toiles, destinées à l'exposition, les épaules de deux commissionnaires.

— Doucement! doucement! disait-il aux enfants de l'Auvergne. Prenez garde! vous portez la fortune de M. le comte — non, je veux dire de M. Robert. Attention! Là, là! très bien!...

Mais une toile mal affermie tomba à terre.

— Corbleu! vous êtes de fiers maladroits!

Sur ces entrefaites, un étranger entra. C'était un homme grand, sec, jeune encore, trente-cinq ans peut-être, pâle de visage, froid, gourmé, chafoin, l'air rêveur, le maintien diplomatique, le costume noir avec la cravate blanche.

— M. le comte de Kernoë? demanda-t-il d'une voix fortement accentuée.

— C'est ici. — Je me trompe. Ce n'est pas ici. Voyez au fond du jardin, répondit Chalus, en examinant son interlocuteur.

— C'est juste... M. Robert, artiste peintre?

— C'est ici. Qu'est-ce que vous désirez?

— Je voudrais parler à M. le comte de Kernoë.

— Ce n'est pas ici, vous dis-je. Voyez...

— Vous avez raison. M. Robert?...

— Il est sorti pour le moment.

Et Chalus se retournant vers les commissionnaires leur fit relever la toile tombée. Mais l'étranger n'avait pas fini.

— Veuillez me dire, continua-t-il, à quelle heure rentrera M. le comte?

— M. le comte?... M. le comte!... répéta le vieux serviteur avec impatience...

— Ou M. Robert, peu importe, interrompit l'inconnu d'un ton froidement ironique, puisque l'un habite dans la peau de l'autre.

Ce disant, il regardait Chalus dans les yeux. Le bonhomme parut interdit. Il congédia les commissionnaires, après avoir rattaché les toiles sur leurs épaules, et revint au visiteur.

— Vous désirez, Monsieur?

— Je désire que vous répondiez à mes questions : Si votre maître a deux noms et deux visages, vous avez deux langues, vous, à ce qu'il paraît?

— Mais, Monsieur...

— Annoncez-moi alors au comte de Kernoë et au peintre Robert.

— Si vous savez... dit Chalus embarrassé, vous devez comprendre, monsieur, que l'un étant absent, l'autre n'y est pas.

— C'est bien, fit l'étranger.

Et il s'assit.

— Monsieur veut-il me dire son nom?

— C'est inutile. Je ne suis pas un créancier.

— Monsieur veut-il passer dans la bibliothèque?

— Non, je suis bien ici.

— Un vrai hérisson, se dit Chalus. Je vais envoyer demander si M. le comte est chez sa mère.

Il sortit de l'atelier.

L'étranger alors se leva; et, allant se poser devant le portrait de la jeune fille placé au fond, il se mit à le contempler pendant quelques moments en silence.

— C'est véritablement une belle créature! dit-il enfin d'un air de profonde admiration.... Ah! ah! monsieur le comte, vous vous faites artiste, et vous devenez amoureux de votre modèle! C'est renouvelé du grec cela!... Il est fâcheux pour vous que cette jolie fille ait une dot millionnaire, ce qui ne se donne pas à un artiste pauvre; fâcheux qu'elle soit née sous l'humble enseigne de la bourgeoisie, ce qui ne s'allie pas à un orgueilleux blason ; fâcheux enfin qu'elle me plaise !... On vous dit homme d'honneur ; tant mieux ! Ces sortes de rivaux reculent à la pensée de la moindre perfidie, comme les enfants devant la crainte d'un fantôme.... Vous avez été soldat : tant mieux encore ! Vous vous souviendrez au besoin que vous avez porté l'épée... Madame votre mère n'a-t-elle pas été aussi un soldat, et même un des meilleurs soldats de la guerre de Vendée? L'âge a, dit-on, respecté la mâle vigueur de cette fière Bretonne. Elle ne souffrira certes pas de mésalliance dans sa famille. Elle se mettra de mon parti...

Ce monologue fut interrompu par la rentrée de Chalus.

On entendait au dehors le bruit d'une voiture.

— N'est-ce pas M. le comte de Kernoë qui arrive? demanda le visiteur.

— C'est Mme la comtesse, répondit Chalus.

L'inconnu réfléchit pendant un moment.

— Si je commençais par voir la comtesse, se disait-il. Semer la division dans le camp ennemi a toujours été un moyen triomphant pour arriver à gouverner en paix ses propres affaires. C'est l'*a b c* de la diplomatie.

Il se dirigea du côté de la porte.

— Que dois-je dire à M. le comte de la part de monsieur?

— Rien.

L'étranger sortit.

— Rien? ce n'est pas facile à dire, pensa Chalus.

Et, regardant par la croisée, il vit l'énigmatique personnage prendre le chemin du vieil hôtel où demeurait la comtesse.

— Pourvu qu'il ne l'indispose pas contre son fils, se dit-il. La pauvre dame ne le maudit déjà que trop. Elle voudrait qu'il abandonnât ses pinceaux. Le moyen, quand c'est toute la fortune?.. Elle m'a ordonné d'enlever les meubles de l'atelier. Mais je suis un peu sourd d'une oreille. Je vais lui descendre son portrait avant le retour de M. le comte pour la faire patienter. En même temps, je verrai ce que cet étranger...

Il décrocha un des tableaux du fond.

Mais Robert entra.

Robert était un homme jeune, brun, assez grand, distingué de physionomie et affable de maintien. Il avait les traits accentués. Son front mâle, largement développé, était sillonné de rides légères, indices de travaux ardus ou de tristesses mystérieuses.

— Eh bien, Chalus, où en sommes-nous? demanda-t-il d'un ton joyeux qui ne lui était pas ordinaire. Tu as envoyé mes toiles au jury, n'est-ce pas?

— Oui, monsieur le comte, ce matin même... Voici une lettre pour vous...

Robert prit la lettre et, du même mouvement, le portrait que Chalus tenait à la main.

— Pourquoi as-tu ôté ce tableau? poursuivit-il en contemplant l'image de la comtesse avec vénération. Ne sais-tu pas qu'il est mon orgueil dans le passé, comme cet autre, — et il montrait de la main le portrait de la jeune fille tant admiré par l'étranger, — est ma joie et mon bonheur dans l'avenir? As-tu oublié, Chalus, qu'au temps de la guerre, la noble femme qui est là ouvrit sa porte aux vendéens proscrits!...

— Et pour nous donner le temps de nous échapper, elle laissa détruire à coups de canon les tours de son château. Je le sais bien, j'y étais.

— Il y avait un enfant dans l'une de ces tours, continua Robert avec attendrissement, un enfant

1.

menacé de périr sous les ruines croûlantes, et que sa mère, sa bonne mère sauva, en s'exposant à d'affreux dangers... Cette noble femme, c'était la comtesse de Kernoë; cette mère, c'était ma mère!... Laisse donc son portrait près de celui-ci, ajouta Robert en replaçant le tableau à côté du portrait de la jeune fille; quand je travaille, j'ai besoin de les voir tous les deux. Cela m'inspire et m'encourage.

— Cependant, M. le comte, fit Chalus avec hésitation...

— Et puis ne m'appelle donc jamais monsieur le comte. Ici, je suis Robert, M. Robert, artiste peintre. Tu connais les susceptibilités de la comtesse; tu sais avec quelle attention je dissimule, pour ne pas la blesser, mon titre, qui est le sien; avec quelle précaution je cache le comte derrière l'artiste. Ce n'est pas que je rougisse du parti que j'ai pris. Non, j'en suis heureux, et j'aurais le droit d'en être fier, si j'en croyais de trop bons amis. Le succès est venu là où je n'avais d'abord cherché qu'une occupation aux loisirs des garnisons. Merci à Penhoëm et à toi, mon vieil ami, qui m'as tant secondé et que je gronde toujours, acheva Robert en serrant affectueusement la main du vieux serviteur.

— Et vous avez bien raison de me gronder, dit Chalus tout ému. Je ne devrais pas, moi qui connais Mme la comtesse... Mais l'habitude... Il me semble que c'est vous dépouiller de la plus belle partie de votre héritage paternel... la seule qui reste !

— Il n'est venu personne? demanda Robert qui avait ouvert et lu la lettre.

— Il est venu un monsieur qui m'a dit de ne vous rien dire.

— Ce doit être Penhoëm ! Il m'écrit et ne paraît pas heureux. A mon tour de l'aider! C'est à lui que je dois le peu que je sais. C'est lui qui m'a mis un pinceau dans les mains et m'a appris à m'en servir. — Mais qui m'eût dit que dans ces études, où je voyais un simple passe-temps, je devais un jour chercher des ressources pour la vie de ma mère ? Quand je reçus ta lettre, Chalus, ta lettre qui m'annonçait la disparition de l'intendant Gessac, la laissant ruinée et malade...

— Trop vrai. Le malheureux s'était enfui après avoir dilapidé le patrimoine.

— Je demandai un congé et j'accourus. Depuis... que de soucis, que de difficultés pour arranger ces maudites affaires à l'insu de la comtesse, et sauver du scandale d'un procès le nom de Kernoë, compromis par les fraudes de ce Gessac!...

— Madame votre mère ignore encore toutes ces peines.

— Elle les ignorera toujours, s'il plaît à Dieu! Lui dire qu'elle est ruinée, lui dire que je travaille pour gagner de l'argent, moi son fils, moi le comte de Kernoë!... A son âge et avec ses idées, elle croirait assister au cataclysme de la fin du monde.

— Du monde où elle a vécu... C'est à croire qu'elle pourrait bien ne pas se tromper.

— Allons! j'étais arrivé avec de bonnes nouvelles, le cœur content et voilà...

Robert fit un geste comme pour secouer des souvenirs cruels, tira un portefeuille de sa poche, et, s'asseyant devant une table, il se mit à écrire.

— Chalus, reprit-il dès qu'il eut fini, je viens de toucher de la direction des Beaux-Arts quelques milliers de francs pour mes travaux du Palais. Va chez Penhoëm; remets-lui ce portefeuille avec cette lettre.

— Vous avez répondu personnellement des dettes laissées par Gessac, fit observer Chalus avec embarras. Et vous savez, Monsieur, que les échéances...

— Bien, bien. Ne t'en inquiète pas, mon vieux. Mes créanciers peuvent attendre et le feront volontiers : je leur paie l'intérêt. Ce cher Penhoëm souffre au contraire du besoin. Ne me prive pas du plaisir de l'obliger. Ne me rends pas ingrat.

— J'ai calculé, continua Chalus, que vous avez donné le mois dernier...

— Va, te dis-je, mon vieil économe. Ce qui est donné est donné, il n'en faut plus parler...

Chalus sortit d'un air mécontent, et Robert se mit à contempler avec bonheur le portrait de la jeune fille.

— Comment pourrais-je ne pas être heureux ? dit-il en souriant. Quel chagrin ne se dissiperait pas devant ce rayon de soleil ? Chère Lucile ! tendre amie ! Que d'esprit dans ces yeux, que de cœur, que de noblesse sur ce gracieux visage ! Et si mal réussi pourtant ! Oh ! oui ! elle est bien mieux que cela ! Si j'ai surpris la forme — l'âme, je n'ai pu la saisir, la fixer, pauvre Pygmalion sans génie ! Ah !

c'est mon désespoir! Elle ne ressemble pas, elle ne ressemblera jamais à celle qui est là!

Il mettait la main sur son cœur.

Robert était encore plongé dans cette contemplation, quand un domestique vint lui dire que la comtesse demandait à lui parler.

Il se disposa à se rendre à l'invitation de sa mère, traversa le jardin et pénétra dans le vieil hôtel.

La comtesse l'attendait dans son salon, vaste chambre meublée de quelques fauteuils et décorée de portraits. Deux panoplies, composées d'armes étrangères, occupaient la place d'honneur des deux côtés de la cheminée, que surmontait l'écusson des comtes de Kernoë.

La mère de Robert était une femme de haute taille, sèche, au maintien sévère. Elle avait les cheveux blancs, le visage de la pâleur de l'ivoire. Ses yeux rayonnants de fierté, la fermeté sculpturale de ses traits, son nez busqué, ses lèvres minces, son menton proéminent comme celui de l'impératrice Catherine, la lenteur calculée de ses gestes, la dignité de ses poses, révélaient au physiologiste un caractère entier, inflexible, l'orgueil du sang et la noblesse de race.

Vêtue de noir, elle avait la tête couverte d'un bonnet de la même couleur, orné de rubans grenat, et d'où ressortaient les bandeaux de ses cheveux blancs encadrant son austère figure.

Elle était assise, et tenait ouvert sur ses genoux le livre des blasons.

Au bruit des pas de Robert, elle releva ses lunettes sur son front, fit décrire un demi-tour à son grand fauteuil de cuir à oreillettes, et se mit à considérer l'artiste au visage.

— Mon fils, dit-elle d'un ton lent, en hochant soucieusement la tête, il se passe d'étranges choses... Il me semble qu'il y a bien longtemps que je ne vous ai vu...

— Pardonnez-moi, ma mère. J'ai été retenu tout hier aux Beaux-Arts, où j'avais à finir la bataille de...

— Oui, vous travaillez beaucoup, beaucoup trop, je le sais. Vous travaillez comme un artiste, comme ferait un malheureux obligé de produire des *croûtes* pour vivre.

— Le fait est, ma mère, répondit Robert en souriant, que ces croûtes me donnent beaucoup de peine. Mais je me suis laissé dire que le succès est enfoui dans notre intelligence comme le diamant dans la mine, et qu'il faut un long travail pour l'en tirer.

La comtesse se redressa sur son fauteuil.

— Prétendriez-vous obtenir des succès? demanda-t-elle avec indignation et surprise. Il ferait beau de voir le fils du comte de Kernoë, un descendant des Capets bretons, dont la noblesse remonte au temps de Robert-le-Fort, solliciter l'approbation de la foule, un tableau à la main! Mon fils, vos ancêtres se servaient de l'épée et ne connaissaient pas le pinceau. C'est dans l'action de la bataille qu'ils cherchaient le succès, le seul digne de leur nom, et vous en faites la peinture...

L'artiste regarda sa mère avec une expression de tendre reproche, et lui montra de la main, comme en réponse à son observation, les panoplies d'armes de guerre, orgueil de la famille.

La comtesse parut comprendre le muet langage de son fils.

— C'est vrai, dit-elle. En 1270, votre ancêtre Jean Charmois, comte de Kernoë, a défié et tué en Afrique le pacha Méhémet, et vous avez vaincu au même pays l'émir Ben-Ismaël. Ici est l'armure de

Iéhémet, là sont les armes de Ben-Ismaël. Même ang, même fait de guerre. Cependant vous avez uitté l'armée pour venir, m'a-t-on dit, prêter à 1a vieillesse l'appui de votre bras. Mon fils, votre rand-oncle, Hugues de Kernoë, troisième du nom, pprenant au début d'une campagne que son père ,vait été blessé mortellement, dit à ceux qui le ıressaient de retourner en arrière :

« Que Dieu le sauve et me garde l'honneur ! »

Et il marcha contre l'ennemi.

— Et son père mourut pendant son absence... 'lus heureux que lui, ma mère, je suis arrivé à emps pour veiller sur votre santé, pour vous 'oir me sourire, car Dieu m'a gardé l'honneur. Si a guerre n'était pas finie, l'ennemi était vaincu : e blé était coupé, il n'y avait plus qu'à rentrer la noisson.

— Mais qu'avez-vous fait, Robert, depuis votre 'etour?... Il me semble que vous auriez pu chercher ı vos loisirs une occupation en rapport avec votre :ang... L'autre soir, j'entendais dire que vos ta-oleaux étaient remarqués. Cela devient grave. Il serait temps de vous arrêter, peut-être. Réfléchis-sez : le descendant des comtes de Kernoë, un peintre, un artiste peintre! Ce serait une tache au blason!

— Pardon, le nom de Robert est seul responsable de mes forfaitures artistiques.

— Certes! mais si l'on découvrait que Robert, c'est vous!... Et puis, ce ne sont pas là, je vous le répète, des loisirs qui conviennent... Ai-je besoin de vous rappeler que la noblesse, cette fière noblesse de France, a commencé à perdre son prestige, du jour où elle s'est mêlée aux vulgaires travaux de la foule?... Du jour où l'infortuné Louis XVI, le premier noble du royaume, a négligé son sceptre pour les outils de l'artisan, la royauté a décliné. Et, depuis cette époque, les temps sont devenus mauvais, le terrain perdu n'a pu se reconquérir, la déconsidération résultant d'un premier faux pas, d'une première déchéance, nous poursuit opiniâtrement. C'est aux fils à recouvrer ce que leurs pères ont laissé échapper. A vous, Messieurs, appartient le devoir de réhabiliter la noblesse. Mais, pour cela, replacez-vous dans le respect des traditions!

La comtesse parlait avec chaleur, le regard superbe et indigné.

Veuve du comte de Kernoë, en son vivant gou-
ɜrneur de Bretagne, Philiberte-Armande, née
.ante-Genet, avait puisé dans les principes de son
lucation de famille, et les rudes enseignements
ɜs révolutions, une hauteur de pensée, une fer-
.eté de conduite qui, au milieu des luttes suscitées
ar l'écroulement d'une dynastie, avaient fait de
ɔn château le point de ralliement de la noblesse
retonne.

A l'âge de vingt-deux ans, elle en avait ouvert
ɜs portes aux Vendéens insurgés.

Assiégée par un corps d'armée, elle avait vu,
ans pâlir, les boulets de canon démanteler ses
ɔurs. Elle avait supporté pendant un mois toutes
ɜs horreurs d'un siége, ordonnant les travaux,
ansant les blessés et relevant les courages abattus.
es malheureux, entraînés dans cette guerre, la
oyant passer au milieu d'eux, toujours grave et
ereine, respectée par les balles, vêtue de blanc,
velte et légère comme une apparition ossianique,
.vaient foi en elle et l'écoutaient avec la vénération
eligieuse des vieux Gaulois pour Velléda.

Sommée par le général assiégeant de livrer les
nsurgés, elle avait répondu aux parlementaires, en

montrant de la main une tour du château encore intacte :

— Vous n'avez pas fini !

La tour effondrée à coups de boulets, et le château ne présentant plus qu'un monceau de décombres, elle dit à ses hôtes :

— Tant qu'un pan de muraille restait debout, vous étiez sous ma sauvegarde, et je devais vous défendre ; aujourd'hui, je ne puis plus vous protéger.

Le général, touché de tant de noblesse et de courage, accueillit avec honneur la garnison mutilée, et lui ouvrit les rangs de son armée.

— Vous êtes libre, madame, dit-il à la comtesse, comprenant la grandeur d'un pareil caractère ; pourquoi faut-il que je rencontre parmi nos ennemis une femme telle que vous !

La comtesse était restée en Bretagne. Trop franche et d'un esprit trop élevé pour prendre part aux intrigues des conspirateurs, elle avait, après la perte de la cause royale, dévoué ses soins aux pauvres. Amis et ennemis trouvaient près d'elle asile et secours.

— Le malheur n'a pas de drapeau, disait-elle à ceux qui lui reprochaient de recevoir avec un emressement égal les partisans et les adversaires de ancien ordre de choses ; les malheureux sont les nfants de Dieu ! — Les révolutions, disait-elle ncore, ne nous ont pas retiré le droit de venir en ide à ceux qui souffrent.

Cette conduite pleine de dignité, un dévouement ns faste, sérieux, continuel, puisé aux sources du eur et allant au-devant de toutes les misères, lui raient mérité les bénédictions de tous les partis. On l'appelait dans le pays « la noble dame » et n lui conserva ce titre de la reconnaissance, plus récieux que ceux dont elle avait hérité de ses anètres.

Elle vécut ainsi jusqu'en 1815, partageant son mps entre des œuvres de charité et les soins réamés par l'éducation de son fils. Le vieux comte e Kernoë était mort depuis longtemps. Les biens e la famille avaient été confisqués. Elle ne possédait plus qu'une métairie achetée sous le nom un de ses fermiers. La Restauration lui rendit s biens. Elle vint à Paris. A cette époque, le gouvernement manifestait le dessein de reconstituer ancienne noblesse.

Robert, héritier des comtes de Kernoë, était un

robuste enfant, hardi, habitué aux exercices du corps, et dont l'intelligence s'était développée au souffle des mâles vertus de sa mère. La comtesse, le gardant près d'elle, l'avait élevé comme Cornélie élevait les Gracques, lui inspirant la religion du dévouement et de l'honneur.

A dix-sept ans, Robert était entré à l'école militaire. De là, il était passé dans un régiment.

La guerre d'Afrique lui avait fourni l'occasion d'un exploit à la Valerius Corvus. Il avait attaqué dans une mêlée, désarmé et fait prisonnier l'émir Ben-Ismaël.

Une brillante carrière lui était promise; mais un coup de foudre vint le frapper. Il reçut vers ce temps une lettre de Chalus, lui annonçant la ruine et la maladie de la comtesse. Elle était en danger de mort et abandonnée sans secours.

Cette catastrophe ne pouvait trouver Robert insensible. Il éprouvait pour sa mère les tendresses et l'enthousiasme d'un culte. Il demanda un congé et revint à Paris.

La comtesse se sentant faiblir, avait remis à un intendant, nommé Gessac, l'administration de ses intérêts. Cet homme, abusant des pouvoirs qui lui aient confiés, avait réalisé ou engagé la fortune, s'était enfui en Amérique.

La tâche de Robert se compliquait de difficultés de soucis imprévus. Lui, un soldat, soigner une eille femme malade et lutter contre des misères argent!

Il l'entreprit avec courage.

La malade réclamait ses premiers soins. Il se déua à sa guérison avec tant d'ardeur, avec une llicitude si constante, qu'il réussit à vaincre le al. Le dévouement triompha de la mort. La comsse, déjà condamnée par les médecins, revint sensiblement à la santé; mais sa convalescence :vait être longue. Elle avait besoin de grands énagements. Jusqu'alors elle avait joui du bienre que donne la fortune. Ce bien-être lui était plus ıe jamais nécessaire. Il fallait que Robert inventât s moyens de le lui continuer. Comment? Par ıelles ressources?

Pendant les loisirs des garnisons, il avait fait la nnaissance d'un jeune compatriote, nommé Jules :nhoëm, un des élèves les plus distingués de gres. Il l'allait voir dans son atelier, et, tout en usant des souvenirs du pays, il le regardait peindre. Entraîné par son goût, encouragé par l'artiste, il s'était essayé, et avait réussi de façon à étonner son ami. Penhoëm l'avait vivement engagé à travailler et lui avait prodigué ses conseils.

Inoccupé, soucieux durant la convalescence de la comtesse, Robert eut recours à ses pinceaux, et entreprit de demander à l'art les ressources qui lui manquaient pour l'accomplissement de son devoir filial. Malgré son talent, malgré d'opiniâtres travaux, nous ne surprendrons personne en disant que ces ressources se firent longtemps attendre et que Robert éprouva bien des déceptions, bien de mortels ennuis, bien des désespoirs. La vue de sa mère souffrante qui ne pouvait être sauvée et vivre que par lui, soutenait seule son courage.

Cette lutte du dévouement contre la mauvaise fortune dura de longues années, lutte ignorée de la comtesse, à laquelle son fils avait laissé croire que l'intendant avait réparé ses fraudes.

Elle était mieux. Entretenue dans l'aisance passée, ne voyant rien de changé autour d'elle, la pauvre dame s'étonnait du désœuvrement apparent de Robert. Elle s'affligeait du goût qu'il manifestait pour la peinture, des éloges donnés au mérite de ses œuvres. Trompée dans l'espoir de grandeur qu'elle avait placé sur la tête de ce fils, son ouvrage et son orgueil, elle était près de le déclarer indigne de son nom, indigne de ses aïeux. Il démentait le sang des Kernoë. Il ne continuait pas sa race.

Loin d'encourager ses travaux d'artiste, elle lui en faisait honte.

— Mon fils, dit-elle après un long silence, avec une cruelle amertume, vos ancêtres vous avaient laissé un blason, vous en faites une enseigne! Je pense, toutefois, que, pour vous ramener au droit chemin il suffira de vous dire que vous vous égarez. Songez-y! On s'étonne dans le monde de votre étrange conduite. On en cause, on s'en raille, et le scandale se propage. Hier, préoccupée de votre établissement, je parlais de demander pour vous la main de Philiberte, héritière des Karnac, le plus beau sang de notre vieille nôblesse bretonne. Une voix qui me remplit de confusion répondit :

— Serait-ce pour en faire le portrait?

Vous êtes obligé de renier vos titres, vos amis...

A ce moment, et comme pour confirmer la vérité de ces dernières paroles, un petit homme, au ventre rebondi, à la figure joviale, vulgaire de ton et familier de manières, entra dans le salon, poussant devant lui un domestique qui lui barrait le passage.

— Je vous dis que monsieur Robert y est. — Ah! le voilà, s'écria le visiteur, en saisissant la main de l'artiste et la secouant avec force. Triple diable! je viens d'escalader votre atelier. Que c'est haut, le génie! Foi de Mathieu, c'est rude à atteindre comme au mât de Cocagne...

La comtesse tressaillit sur son siége. M. Mathieu l'aperçut, se mordit les lèvres et s'inclina profondément.

Une autre porte du salon s'ouvrit.

— M. le duc de Grandmaison demande à parler à M. le comte de Kernoë, dit un domestique.

— Répondez au duc que le comte de Kernoë n'est pas ici, s'empressa de répondre Robert.

A ces mots, saluant la comtesse, il entraîna hors de la chambre le gros M. Mathieu.

II

MONSIEUR MATHIEU

M. Mathieu était un client de Robert. L'artiste reprit avec lui le chemin de son atelier.

— A propos, quelle est cette vieille dame, et sur quel pied dansez-vous dans son salon ? demanda M. Mathieu, en parlant de la comtesse de Kernoë. Je l'ai prise, au premier coup d'œil, pour la veuve de Louis XIV.

Le rouge de la colère monta au visage de Robert. On semblait vouloir se moquer de sa mère.

Il avait donné l'ordre de ne jamais envoyer de

clients chez la comtesse. Mais Chalus était sorti, — Chalus, le confident de ses inquiétudes, — et, en son absence, l'ordre avait été enfreint.

M. Mathieu était, nous l'avons dit, un petit homme, gros et rond comme un poussah, dont la physionomie socratique avait une naïve expression de bonhomie et de franchise.

Il était vêtu d'un habit marron, à basques carrées, d'un pantalon gris collant et d'un gilet vert à boutons de métal. Il portait sur l'avant-bras, à titre d'en-cas contre le froid, un pardessus orange, doublé de soie bleue. Il avait au cou une cravate blanche d'avocat. Un paquet de breloques retentissait, à chacun de ses mouvements, sur son ventre rebondi, comme des grelots sur la peau d'un tambour. Des bagues, incrustées de pierres fines, surchargeaient ses doigts.

A le voir, le jarret tendu, le geste d'une vivacité électrique, on ne lui eût pas donné plus de quarante-cinq à quarante-huit ans, bien qu'il atteignît la soixantaine. A peine si ses cheveux étaient gris; dans ses favoris, épais comme un buisson vierge et taillés en charmille, on apercevait seulement quelques poils de nuance douteuse; les rides étaient effacées par l'opulente carnation de sa figure vigoureusement colorée.

Si le costume, si la tenue du personnage ne révélaient pas un goût parfait, on y voyait briller la grosse richesse. M. Mathieu, ancien négociant en soieries, ancien président du tribunal de commerce, était en effet très-riche. On lui attribuait une fortune de plusieurs millions.

— Monsieur Mathieu, lui dit l'artiste en l'introduisant dans son atelier, je me proposais d'aller vous voir aujourd'hui.

— Bien, très-bien, mon ami, répondit l'ex-négociant, vous avez à consulter votre modèle ! Je comprends. Pour moi, j'aime autant regarder la copie.

A ces mots, M. Mathieu alla se poser devant le portrait de la jeune fille, placé au fond de l'atelier. Il l'examina longuement, en manifestant sa satisfaction par de petits cris admiratifs, des gestes bizarres et des soubresauts de plaisir; sa bonne et large figure exprimait l'extase, la joie.

— Vous l'avez fièrement embellie, dit-il ; mais elle ne vous en voudra pas. C'est parfait ! c'est vivant ! cela parle, agit, sourit ; c'est une création !

— Embellie ? fit Robert. Oh ! non, elle est...

— Ta, ta, ta, je la connais. C'est mon œuvre ! Eh ! ne suis-je pas un artiste habile ?...

A cette saillie, M. Mathieu se mit à rire avec délices. S'il était content de l'œuvre de l'artiste, il était fier de la beauté de sa fille, son œuvre à lui, comme il disait.

— Vous alliez voir Mme Mathieu ? reprit-il d'un ton sérieux. Eh bien ! je lui ai parlé.

— Je vous écoute, fit Robert inquiet.

— Madame Mathieu, lui ai-je dit, nous devons à ce jeune homme une immense reconnaissance.

— Pardon, c'est là une énigme dont je n'ai pas encore deviné le mot, interrompit l'artiste. Je ne sache pas vous avoir rendu service. Avant d'entreprendre le portrait de mademoiselle Lucile, je ne vous avais, je crois, jamais vu.

— C'est possible.

— En vous entendant parler de reconnaissance, il me vient à l'esprit que vous me prenez pour un autre.

— Cela s'expliquera. Je continue : Madame Mathieu a toujours eu, je vous l'ai dit, le timbre un peu faible à l'endroit des titres de noblesse. Fille d'un honnête mercier de la rue Saint-Denis, à l'âge où les jeunes filles s'occupent encore de poupées, elle rêvait, tout éveillée, dignités et honneurs. Elle n'était pas bien sûre de n'avoir point dans les veines du sang royal. Elle se plaisait à se forger en imagination une naissance illustre et romanesque, ne pouvant se persuader qu'elle était bien réellement née de son vieux bonhomme de père : un vrai pot-au-feu. Elle ne concevait pas qu'une femme pût paraître dans le monde au bras d'un homme qui ne fût pas au moins marquis, et elle espérait s'entendre appeler quelque jour : « Madame la marquise ! » Forcée de m'épouser, déçue dans ses espérances de noblesse conjugale, elle a reporté cette ambition sur sa fille...

— Comment cela ?

— Le marquis de Brentano, un homme très-influent ; miel et vinaigre, langue d'or et de fer, s'est établi dans son esprit en qualité de prétendant. Elle l'agrée. Elle veut que sa fille devienne marquise.

— Et mademoiselle Lucile ? demanda Robert devenu pâle.

— Lucile et moi, nous sommes pour vous. J'ai dit à Mme Mathieu :

— Mon ami Robert a du talent, un talent aimé, jeune, brillant et plein d'avenir. Son simple nom de Robert sera un jour mieux vu et plus honoré qu'un titre de noblesse...

— C'est mon avis à moi, continua le brave M. Mathieu. Aux titres que l'on acquiert par héritage, je préfère ceux que l'on se crée par son mérite. J'ai de l'ambition, de la fierté pour ma fille, je me ferai une joie d'enrichir son époux, mais je voudrais qu'il lui donnât, en retour, un beau nom à lui, qu'elle fût heureuse de porter. Et, sous ce rapport, j'ai pleine confiance en vous. Le père de Lucile tendit en même temps la main à Robert.

— Merci de votre confiance, monsieur Mathieu, répondit l'artiste. Cependant...

— Quand on sait ce qu'en vaut l'aune, on y met le prix, interrompit l'ex-négociant. Ah ! je m'y connais, et je ne crains pas d'être trompé.

A ce moment, un domestique introduisit dans l'atelier Mlle Lucile et son amie, Mme la baronne de Charmeuil.

— Eh bien? eh bien, chère fille d'Eve, que venons-nous faire ici? reprit M. Mathieu en allant à Lucile. Ce n'est pas jour de pose. D'ailleurs notre portrait est fini.

— Pardonnez-moi, Monsieur, dit l'artiste en s'avançant avec empressement au devant de la jeune fille, j'ai une retouche extrêmement importante à faire.

— J'en étais sûre, dit Lucile en souriant.

— Ah! ah! comme ces enfants s'entendent! s'écria M. Mathieu. Pauvre père! ton règne s'en va...

Lucile était une grande et belle brune, svelte, bien prise, simple de manières, et gracieuse d'allure. Son visage avait un charme indéfinissable, uni à une parfaite régularité de traits. C'était le galbe de la beauté grecque animé de l'expression séduisante des filles de Séville. Ses cheveux étaient noirs et soyeux, ses yeux bruns. La dignité de son regard et la pureté de ses lèvres dénotaient un caractère droit et ferme.

On comprenait en la considérant l'amour profond et enthousiaste de Robert. Elle était faite pour inspirer un poëte et désespérer un artiste.

Quant à la baronne de Charmeuil, c'était une jolie blonde au teint pâle, à l'air attristé. Mais sous le voile de mélancolie qui lui couvrait le visage, perçaient des éclairs de joie vive ; on la voyait rire et s'arrêter soudain, comme retenue par quelque souvenir de deuil. Depuis son mariage, elle portait en effet le deuil de ses jeunes illusions et de sa gaieté native.

Elle prit à part M. Mathieu.

— C'est moi que vous devez gronder, lui dit-elle.

— Avec plaisir, madame la baronne, répondit le père de Lucile, en s'inclinant.

— Ou plutôt, c'est vous-même; vous nous aviez promis des billets pour le concert du Conservatoire.

— C'est ma foi vrai!

— Un concert merveilleux, une fête divine en *fa* dièze et en *si* bémol, dont nous aurions été exclues, Monsieur, si je m'étais endormie sur votre promesse.

— Mais il est temps encore...

— Nous venons de chercher les derniers billets, et en passant, continua-t-elle d'un ton plus haut, les yeux tournés du côté de l'artiste, j'ai voulu m'acquitter envers M. Robert d'une vieille dette de reconnaissance.

Robert et Lucile, retirés à l'écart, causaient à voix basse.

— Envers moi? dit l'artiste en redressant la tête

vec étonnement, je ne sache pas avoir mérité de nadame la baronne...

— Vous ne savez pas, Monsieur? Justement, c'est à votre gloire.

— Oui, oui, dit M. Mathieu coupant court à ette explication qui paraissait l'inquiéter, il y a emps pour tout. Cela s'éclaircira.

— De grâce, monsieur Mathieu, reprit Robert; out à l'heure, c'était vous... que signifie ?... Il y a ertainement erreur. Je n'ai pas eu le bonheur e vous rendre service, ni à madame la baronne. Votre reconnaissance en se trompant d'adresse, ous prépare, à vous un désappointement, à moi des egrets...

— Nous ne nous trompons pas, répondit M. Mathieu.

Et revenant à la baronne, pressé de changer le ours de l'entretien:

— Comment se porte M. le baron de Charmeuil ? emanda-t-il.

— A cheval... sur le turf, dit la jeune femme vec amertume. Mais ce n'est pas de lui qu'il s'agit. Venez. J'ai à vous parler.

En même temps, elle l'entraîna dans un coin de

l'atelier, laissant Robert et Lucile reprendre en tête à tête leur conversation.

— Attendez-vous à la visite du marquis de Brentano, dit Lucile à l'artiste. Il doit venir vous voir ; ses intentions, qu'il a confiées à ma mère, nous sont nécessairement hostiles. Prenons garde...

— Que pouvons-nous craindre, si vous m'aimez?

— Il s'est emparé de l'esprit de ma mère, vous dis-je.

— Mais s'il n'a pas votre cœur ?

— Il a un titre de marquis.

— Que vous importe ?

— Rien, à moi. Ne sais-je pas que quand ces Messieurs nous font l'honneur de nous épouser, pauvres filles de boutique enrichies, ils nous remboursent notre dot en dédains et en humiliations ? Je ne veux pas avoir le sort de cette chère baronne de Charmeuil. Je ne veux pas d'un mari grand seigneur ; mais ma mère...

— Pardon, interrompit l'artiste dont les sourcils s'étaient froncés et qui semblait mal à l'aise, pourquoi se montrer exclusif, chère Lucile ? Il y a parmi ces Messieurs-là des hommes pour lesquels un titre de noblesse n'est pas une cause nécessaire de

tte vanité, qui y puisent au contraire le courage
ı bien et l'enthousiasme du beau.

— Est-ce possible? dit la jeune fille avec sur-
ise. Vous soutenez le marquis?

— Non, tendre amie, mais sur cette noble terre
France, les qualités du cœur et de l'esprit se
ncontrent dans toutes les classes... même parmi
s grands seigneurs, comme vous les appelez. —
ermettez-moi de le croire.

— Je n'en doute pas, et je vous l'accorde d'au-
nt plus facilement qu'heureuse de nos projets,
prouvée par mon père, je n'ai pas d'autre am-
tion que de les voir se réaliser... Mais d'où vient
tte chaleur à soutenir le parti du marquis?

— Je ne soutiens aucun parti, Lucile. Je tâche
me défendre... de vous défendre contre des
éventions qui me paraissent injustes. Voilà tout.

— Vous êtes un noble artiste! répondit la jeune
le souriant de bonheur et en lui tendant la main,
néreux toujours, généreux quand même!

M. Mathieu écoutait et regardait de loin, ne don-
nt à la baronne qu'une moitié de son attention.
ı voyant le geste de Lucile, il s'écria :

— Ah! ah! il paraît, mes enfants, que la conjuration marche aussi de votre côté ? Nous en sommes au serment, comme dans Guillaume Tell ? Du courage ! Mme de Charmeuil est des nôtres. Venez à notre soirée, mon ami, continua-t-il en se rapprochant de l'artiste. Nous emporterons le consentement de Mme Mathieu à la pointe de la langue. Ne craignez rien : chien qui aboie ne mord pas. Mme Mathieu m'a dit qu'elle ne donnerait jamais sa fille à un artiste. Je lui ai protesté que jamais Lucile n'épouserait un Monsieur à particule. Nous en sommes là ! manche à manche...

— Ah ! fit Robert interdit.

— Non, je ne veux pas d'un gendre marquis ou comte, un gendre qui prendrait mon argent et se croirait en droit de me mépriser. N'est-ce pas, Lucile?... Je ne veux pas pour ma fille d'un baron de Charmeuil. — Pardon, baronne. — Je veux un fils du travail. J'aime les arts, et partant les artistes. Vous êtes un homme de talent, un galant homme, un homme de cœur. Vous êtes mon homme, et j'éteins ma lanterne ! Le nom de Robert ne rougira pas de celui de Mathieu. A ce soir.

Et jetant un dernier coup d'œil au portrait de sa fille, serrant d'une dernière étreinte la main de

Robert, M. Mathieu sortit de l'atelier, accompagné de Lucile et de la baronne.

— Repoussé par Mme Mathieu comme n'étant pas noble, vais-je me voir éconduire par M. Mathieu et Lucile à cause de mon titre de noblesse? se demanda l'artiste demeuré seul.

Comment le fils de la comtesse de Kernoë s'était-il épris de la fille de M. Mathieu?

Comment le rejeton d'une race ancienne s'était-il lié d'amitié, et d'une amitié véritable, avec l'ex-négociant?

C'est qu'il existe, en dépit des convenances du monde, des affinités mystérieuses. C'est que c'est l'homme qui a fait les lois de la société, et que c'est Dieu qui a fait le cœur humain.

Les débuts de M. Mathieu avaient été des plus humbles. A l'âge de huit ans, il avait quitté Sainte-Claire, un hameau du Cantal, où son père exerçait la profession, honorable sans doute, mais peu lucrative, de chasseur de taupes. Il était venu à Paris, — cet immense atelier des grandes ambitions et des modestes convoitises — non dans l'espoir de s'y enrichir, — ses rêves n'allaient pas jusque-là — mais pour y demander au travail le pain de chaque jour. Un parent devait le placer dans une fabrique de soieries.

Apprenti d'abord, mais laborieux, actif, intelligent, excellent camarade, aimé de ses pairs et de ses chefs, le jeune Mathieu était parvenu rapidement aux fonctions d'ouvrier. Dans cette position, il n'avait pas tardé à se distinguer. On le cita bientôt comme un des bons ouvriers de la fabrique de Paris. Sa joyeuse humeur, son entrain, sa gaieté n'étaient pas moins renommés que son courage au travail, son esprit d'invention et son goût pour l'étude, car il consacrait ses heures de loisir à étudier; il lisait, il dessinait, et se faisait à lui-même une éducation. C'était un cœur simple, naïvement avide d'apprendre, un chercheur obstiné, auquel il ne manquait peut-être pour devenir un homme de génie que les éléments de la science.

Cependant un jour vint où cette louable ardeur s'évanouit. L'ouvrier studieux négligea ses livres, le gai camarade se montra morose. Plus de chansons, plus de rires, plus de joyeuses réparties, plus de veilles non plus.

On le crut malade.

Peu de temps après, l'on apprit que ce travailleur habile, sur le point de passer maître, associé aux intérêts de la fabrique, venait de s'engager en qualité d'homme de peine chez les époux Onagre, marchands merciers de la rue Saint-Denis.

Alors on le crut fou.

Il l'était bien un peu en effet.

Les époux Onagre avaient une fille : mademoiselle Anastasie, belle, fière, élégante, composant toute leur postérité. Or le jeune Mathieu avait vu plusieurs fois cette demoiselle qui venait aux ateliers avec son père pour y choisir des soieries, et non plus vigoureux qu'Hercule en présence d'Omphale, il en avait eu le cerveau troublé.

Mademoiselle Anastasie était aimée autant qu'admirée de ses parents ; elle était leur orgueil.

Il est vrai que personne ne présidait un comptoir d'une manière plus digne que cette jeune fille, quand elle daignait descendre dans la boutique.

Elle avait le ton superbe et la pose majestueuse d'une princesse : père, mère, commis et domestiques s'inclinaient devant ses avis. Tout le personnel du magasin la craignait et l'admirait.

C'était la souveraine.

De cette altière demoiselle à l'humble Mathieu,

il y avait bien la distance qui sépare la fourmi sublunaire de l'étoile Sirius, et il ne fût venu à personne l'idée que le pauvre insecte élevât si haut ses désirs.

Néanmoins, pendant que Mlle Anastasie irradiait le magasin de sa présence, Mathieu gravitait autour d'elle et tentait de s'en rapprocher par de continuels efforts.

D'homme de peine, le père Onagre, juste appréciateur du mérite, le fit passer au rang de commis. Mathieu conquit un à un tous ses grades. C'était le dévouement et l'obligeance incarnés. Il travaillait nuit et jour. Il fut en peu de temps au fait des intérêts de la maison, mieux qu'un membre de la famille.

Le père Onagre, devenu vieux, se reposait sur ce précieux aide et lui abandonnait avec confiance le gouvernement de la clientelle. Cependant il ne songeait rien moins qu'à en faire son gendre. Mlle Anastasie était à ses yeux supérieure à toutes les mortelles de son âge, et ce n'était pas dans une boutique, qu'il pensait à lui chercher un mari.

Pour abattre tout cet échafaudage d'orgueil enfantin et de puérile ambition, il fallut l'intervention d'une puissance terrible : le choléra. L'épouvantable fléau tua en une nuit le père et la mère. Mathieu, bravant le danger, soigna la jeune fille atteinte comme ses parents, et réussit à l'arracher à la mort. Restée orpheline, la belle prétentieuse fut mise en demeure, par son conseil de famille, d'épouser celui qui l'avait sauvée, et qui seul pouvait relever le fonds commercial constituant son patrimoine.

Mathieu, devenu maître de maison, employa tant de soins et d'attentions à captiver la fortune et à conquérir sa femme, qu'il parvint en peu d'années à dominer l'une, et à se rendre supportable à l'autre. Il étendit son commerce, en changea la nature, et finit par fonder, rue Saint-Denis, un riche magasin de soieries qui devint le rendez-vous préféré d'une aristocratique clientelle féminine.

La fière Anastasie, tourna alors son ambition du côté de la richesse, et aida son mari dans les pénibles labeurs de ses entreprises. Elle avait du jugement dans un certain ordre d'idées, et une âpreté de gain qui n'était modérée que par sa condescendance pour la noble clientelle qui défilait devant son comptoir. Elle conseillait les opérations et dirigeait les affaires. Si l'honnête M. Mathieu marchait en avant, c'était un peu comme le cheval de la charrue.

Au bout de vingt ans de travaux, les époux Mathieu se trouvèrent à la tête d'une fortune métallique qui eût satisfait un banquier.

Ils se retirèrent dans un appartement de la Chaussée-d'Antin, et Mme Mathieu s'occupa de diriger son mari vers les dignités. Il devint sous ses inspirations juge, et bientôt président du tribunal de commerce.

Il nous reste à dire comment M. Mathieu avait fait la connaissance de Robert.

Un jour que l'artiste traversait la place de la Concorde, il vit le monde promeneur qui encombrait le rond-point des Champs-Elysées se disperser en poussant des cris d'effroi.

Une élégante calèche, attelée de deux chevaux, descendait rapidement l'avenue. L'attelage avait pris le mors aux dents, le cocher était tombé de son siége, et la voiture courait avec un bruit d'ouragan, emportée au milieu d'un tourbillon de poussière.

Le danger était imminent. L'anxiété des spectateurs se manifestait par des cris et des gestes désordonnés.

Tout à coup l'un d'eux se jeta à la tête des chevaux, saisit la bride, et d'une main de fer maîtrisa l'attelage.

Puis, la foule accourant autour de la voiture arrêtée, il disparut.

Dans cette calèche se trouvaient les époux Mathieu, leur fille Lucile et une amie, la baronne de Charmeuil. M. Mathieu, descendant sur la chaussée, demanda quel était l'homme généreux auquel étaient dûs ses sentiments de reconnaissance. On ne put que lui indiquer le chemin que cet homme avait pris en se retirant.

Le lendemain, M. Mathieu se présentait dans l'atelier de Robert. Après avoir considéré l'artiste avec attention, et jeté un coup d'œil sur les toiles appendues aux murailles, il lui dit :

— Monsieur, j'ai une fille, une fille unique, bonne, sage, aimante, et qu'on trouve très-jolie. Elle a dix-huit ans. Vous êtes un galant homme, et de plus un artiste de talent... Je viens vous prier de nous faire son portrait.

Malgré la forme insolite de cette proposition, il était impossible à Robert de deviner, dans l'étranger qui la faisait, celui qu'il avait secouru la veille, — il ne l'avait pas vu, — car c'était l'artiste, on l'a deviné, qui avait arrêté la calèche des Champs-Elysées.

Il accepta.

Le soir, M. Mathieu, qui était revenu à l'atelier, amenant Lucile, prit l'artiste à part, et lui dit :

— Monsieur, je suis un ancien commerçant. J'ai même fait dans le commerce une assez belle fortune. Mais j'y ai contracté une habitude à laquelle je vous prie instamment de vouloir bien vous prêter. Cela m'obligera. Je vous le demande à titre de service.

— Monsieur, autant qu'il dépendra de moi, avait répondu Robert.

— C'est d'abord de... de me laisser surélever à mon gré ou plutôt au niveau du talent révélé le prix convenu. Ainsi, vous m'avez demandé ce matin pour ce portrait un prix trop inférieur, je le vois, à votre mérite. Je vous prie de me laisser juge de ce que je dois vous donner.

— Je suis au désespoir, Monsieur, de contrarier

votre générosité. Mais j'ai moi-même fixé ce prix. Je n'accepterai pas au-delà.

M. Mathieu insista, puis il dit :

— Eh bien ! j'ai également l'habitude de payer à l'avance.

— Non, non, monsieur. *Pretium coronat opus* : le paiement couronne l'œuvre.

Lucile était venue chaque jour, accompagnée de son père.

L'ex-négociant avait invité l'artiste à ses soirées, et l'avait présenté à sa femme et à ses connaissances. Il s'était bientôt établi entre eux des relations assez intimes.

M. Mathieu comblait Robert de compliments et d'offres de service ; Mme Mathieu lui prodiguait d'aimables sourires, et Lucile ne paraissait pas le regarder avec indifférence. L'artiste se demandait quelle pouvait être la cause des réceptions cordiales et charmantes dont il était l'objet. Le portrait était à peine ébauché, et quelque fût l'enthousiasme de cette famille pour les beaux-arts, on ne pouvait pas raisonnablement supposer que cet enthousiasme se manifestât par une soudaine et profonde affection à l'égard d'un peintre inconnu de la veille.

Il y avait là un mystère que Robert ne s'expliquait pas.

Mais tandis qu'il cherchait, tout en exécutant le portrait de Lucile, à deviner les motifs de la sympathie qu'on lui montrait, Robert avait senti toutes ses impressions, toutes ses pensées, se confondre dans une émotion unique.

Comme ce peintre de l'antiquité, il était devenu amoureux de son modèle.

M. Mathieu, présent aux séances de pose, avait vu naître cet amour avec une joie manifeste.

Il avait étudié et consulté sa fille.

Robert alliait à des avantages physiques, toujours appréciés des femmes, une ferveur de sentiments, une loyauté d'âme, une noblesse d'esprit qui éclataient dans toutes ses paroles. Il avait en outre, comme peintre, un talent reconnu. Lucile, témoin de son acte de courage, et prévenue en sa faveur, s'était laissée aller aux séductions exercées par le caractère noble et enthousiaste de l'artiste. Elle avait avoué à son père qu'elle l'aimait.

Cette révélation avait comblé les vœux de M. Mathieu. Robert lui plaisait. Il prétendait se connaître en peinture et appréciait son talent; il lui prédisait un glorieux avenir. L'unir à Lucile offrait le moyen de le récompenser dignement.

Mais ce projet de mariage avait trouvé dans Mme Mathieu une opposition très-vive.

Qu'était-ce que M. Robert? Sa fille ne pouvait pas s'appeler Mme Robert. Ce n'était pas là un nom susceptible de résonner convenablement dans un salon. Il fallait récompenser l'artiste pour le service qu'il avait rendu, et, s'il refusait d'accepter la récompense, cela le regardait.

En même temps, elle avait agréé comme prétendant à la main de Lucile un marquis, amateur de curiosités et protecteur des arts, qui lui avait vendu toute une collection d'objets hétéroclites.

Robert s'était aperçu que Mme Mathieu lui avait donné un rival. Mais M. Mathieu venait de lui en parler pour la première fois d'une manière positive et en quelque sorte officielle. Quoique sûr de l'amour de Lucile, l'artiste n'était pas sans inquiétude et redoutait la fougue orgueilleuse de Mme Mathieu.

Pendant qu'il se demandait quelle conduite il

devait tenir en présence des difficultés qui pouvaient naître, la porte de l'atelier s'ouvrit et Chalus, entrant, annonça à son maître la visite de l'étranger du matin.

C'était bien lui — froid, compassé, flegmatique. — Il s'avança dans la chambre à pas lents, regardant Robert en dessous, mais d'un œil luisant comme celui d'un jaguar qui avise un ennemi.

— Monsieur, dit-il en saluant l'artiste avec raideur, je suis le marquis de Brentano. Vous n'êtes pas sans me connaître, je pense?

— Peut-être, monsieur, répondit Robert en le couvant du regard.

— Je viens, monsieur, vous entretenir d'une affaire grave et d'une importance extrême au point de vue de la direction de votre avenir.

— Permettez, monsieur. — La direction de mon avenir me regarde seul.

— Vous m'obligez de vous dire que vous vous trompez, monsieur. J'y suis intéressé, moi et d'autres aussi. Un homme, un homme de votre valeur surtout, ne vit pas tellement en dehors du monde, et dans un isolement si complet, que ses déterminations soient indifférentes.

— Je ne vous comprends pas.

— Vous allez me comprendre. J'ai dit que vous étiez un homme de valeur. Si j'avais pensé qu'il en fût autrement, je ne serais pas venu vous trouver. Vous avez une réputation de talent méritée. On apprécie vos travaux. Aujourd'hui vous êtes connu, demain vous serez célèbre.

— Monsieur..., fit Robert étonné.

— Je dis ce qui est vrai, monsieur, poursuivit le marquis de Brentano d'un ton glacé. Vous éprouverez, dans la suite de nos rapports, que la franchise est la base de mon caractère. Peut-être ignorez-vous que je m'occupe de beaux-arts. Ayant beaucoup voyagé, j'ai noué des relations dans les principaux centres du monde. Or, un de mes correspondants de Russie me mande de lui envoyer un peintre habile, capable de décorer le palais du grand-duc. C'est un coup de fortune pour l'artiste dont le choix m'est laissé, et c'est vous que j'ai choisi.

— Je n'accepte pas, monsieur ; je ne puis que vous remercier.

— C'est la distance qui vous effraie ?

— Je désire ne pas quitter Paris, répondit l'artiste.

— Paris est la ville des renommées, mais la richesse ne s'y rencontre pas toujours.

— D'autres soins que ceux de la fortune, monsieur, me retiennent à Paris.

— Vous avez votre mère ; je le sais. Et pourquoi taire votre belle conduite ? Vous lui avez sacrifié votre carrière de soldat; vous dévouez, à entretenir à ses yeux une illusion de fortune, votre temps et vos travaux. Vous lui avez bâti, comme Sémiramis, un jardin sur un gouffre. Mais, d'un jour à l'autre, les étais peuvent manquer, et le jardin s'abîmerait avec elle dans la ruine et le désespoir.

— Monsieur, dit Robert prêt à se fâcher, je ne sais où vous avez surpris ces secrets de famille...

— J'apprends, monsieur, je ne surprends pas, répondit d'un ton sec le marquis de Brentano... Je puis ajouter que votre conduite est d'autant plus louable que vous n'obtenez de votre mère que de durs accueils et des réprimandes, en retour de vos sacrifices et de vos soins. Votre beau talent, qui la fait vivre dans l'aisance, elle en a honte. Elle vous renierait presque pour son fils, à cause de l'illustration que vos œuvres ont acquise à votre prénom de Robert. Vous respectez ses sentiments, vous

vous inclinez devant ses préjugés, travaillant dans l'ombre, cachant votre mérite, redoutant votre gloire.

— Monsieur, j'ignore où vous voulez en venir.

— Un peu de patience, monsieur. Vous vous épuisez, dis-je, à soutenir le mensonge d'une fortune éteinte depuis longtemps, tâche pénible que des créanciers rendent plus pénible encore. Vos dettes...

— Mes dettes, monsieur, ne regardent que moi,

— Pardonnez : elles me regardent un peu aussi.

— Comment cela?

— Un mien cousin, mort récemment, m'a laissé dans son héritage une créance souscrite par vous, et depuis longtemps exigible.

— Cette créance sera payée, Monsieur.

— Je sais que vous êtes un homme d'honneur, monsieur. Aussi désiré-je vous procurer les moyens de sortir d'une position fausse dont vous souffrez certainement. Je comprends qu'il ne serait pas prudent d'engager madame la comtesse à changer de climat à son âge. Mais vous pouvez vous marier.

— Me marier? répéta Robert au comble de la surprise.

— Oui, et je me charge de vous trouver un beau parti.

— Merci, monsieur. Vous vous intéressez trop à moi.

— Je ne m'intéresse pas du tout à vous, répondit le marquis du même ton sec et froid. Au contraire, s'il faut vous l'avouer, vous me gênez extraordinairement, je ne cherche ici qu'à me débarrasser de vous.

— Je vous gêne?

— Oui, écoutez : j'abats mon jeu. J'aime ou plutôt, et pour parler sans métaphore, je désire épouser une jeune personne qui croit vous aimer : Mlle Lucile Mathieu. Vous comprenez la position? Il faut que l'un de nous deux quitte la place. Ce ne sera pas moi, donc ce sera vous. Il faut vous marier ailleurs, ou partir.

— Il faut?... dit l'artiste avec hauteur... Et si je ne veux ni me marier, ni partir?...

— Ce serait un malheur... pour vous, monsieur, et pour moi, un chagrin. Je regretterais d'avoir à vous susciter de nouvelles tribulations. N'eussiez-vous pas mon estime, je vous dirais encore : « Entre personnes de notre rang, on se doit des procédés. »

Ma démarche auprès de vous atteste que je comprends l'adage : « Noblesse oblige. » Mais noblesse ne saurait obliger à se retirer devant un rival. Or, je désire épouser Mlle Lucile. Vous avez l'amitié du père ; j'ai les préférences de Mme Mathieu. Si la jeune fille incline de votre côté, trompée comme ses parents sur votre position, j'ai l'avantage d'une situation nette, franche, libre d'embarras. Nos chances me paraissent dès lors à peu près égales. J'aurais souhaité vous voir accepter mes offres ; vous préférez la lutte ? Nous lutterons donc ; mais à visage découvert ; je le demande à votre loyauté. Vaincu en effet par l'artiste Robert, je puis espérer vaincre le comte de Kernoë.

— Agissez, monsieur, comme vous l'entendrez...

— C'est votre dernier mot ?

— C'est mon dernier mot.

— Au revoir ! monsieur, dit le marquis en saluant l'artiste.

— Adieu, monsieur.

— Au revoir !

Et le marquis, s'inclinant de nouveau, sortit de l'atelier.

III

PENDANT UNE SOIRÉE CHEZ Mme MATHIEU

La famille Mathieu occupait dans la rue de la Chaussée d'Antin un superbe hôtel, véritable palais de l'opulence.

Mme Mathieu avait ordonné la décoration des appartements ; elle y avait accumulé les somptuosités de l'art et de l'industrie. L'or, les peintures, les marbres, les bronzes, les glaces et la soie, y formaient un chaos éblouissant.

Nul goût, mais une immense vanité se révélait dans l'assemblage confus et souvent discordant de toutes ces richesses.

Ainsi l'antichambre du principal appartement était peuplée d'un aréopage de statues grecques. Périclès y faisait vis-à-vis à Léonidas, l'Apollon du Belvedère à la Vénus sortant du bain, Jupiter olympien à Socrate buvant la ciguë. Un dallage, en damier noir et blanc, planté de colonnes doriques, des murailles de stuc, des siéges cannés, de grands rideaux de soie grise à crépines d'argent, un lustre d'argent ciselé complétaient cet étrange mobilier.

Un quadrille de Romains, en bronze, ornait la salle à manger. Scipion, Fabricius, Brutus et César se trouvaient là, étonnés de concourir à la splendeur des festins de la famille Mathieu.

La peinture cosmopolite avait fait les frais du salon. On y voyait autant de toiles de maîtres que les murs pouvaient en contenir. Toutes les écoles y étaient représentées. C'était un musée, un magasin de marchand de tableaux. Un meuble de bois doré, couvert en lampas, des rideaux de tenture en velours à crépines d'or, et sur la cheminée des bronzes dorés d'un travail exquis, des tapis d'Aubusson couvrant le plancher, des fresques au plafond, donnaient à cette pièce un air de magnificence maladroite, plein d'effets criards. Les détails en étaient admirables, l'ensemble en était odieux. Mais toutes ces choses avaient coûté des sommes énormes, et il n'était pas à Paris d'appartement plus richement décoré. Le but était atteint.

Mme Mathieu avait été une fort belle fille; l'âge et les soins de la fortune l'avaient flétrie. Son visage était devenu blême; elle employait la céruse et le fard en guise d'eau de Jouvence. Elle avait le regard hautain, la parole autocratique. La science de la parure et l'étude des belles manières, formaient d'un bout de l'année à l'autre, son unique occupation.

En se retirant des affaires commerciales pour se lancer dans le monde, elle avait cru de bon ton d'ajouter une indication topographique au nom par trop commun de Mathieu. Elle se faisait appeler Mme Mathieu de Sainte-Claire. M. Mathieu était né au hameau de ce nom, et cet ornement appellatif jouait le titre de noblesse. M. Mathieu avait été président du tribunal de commerce; le titre de madame la présidente ne lui déplaisait pas non plus.

Et maintenant nous inviterons le lecteur à nous suivre à la soirée de l'ex-négociante.

L'hôtel était magnifiquement illuminé. Des valets vêtus de livrées rouges chamarrées d'or, se tenaient graves et solennels, au seuil des appartements ; pour ressembler aux suisses des châteaux, il ne leur manquait que la hallebarde.

Les invités se promenaient, jouaient, dansaient ou *lunchaient*, tout en raillant à demi-voix, le luxe de mauvais goût étalé sous leurs yeux.

Dès son arrivée le marquis de Brentano avait pris à part M. Mathieu, et l'avait emmené dans un salon retiré; il cherchait à le gagner à sa cause. Depuis vingt minutes, il pérorait souple, caressant, cauteleux, s'efforçant d'enlacer le père de Lucile dans le filet de ses raisonnements, mais le bonhomme, qui avait lui aussi sa logique, l'interrompit tout à coup. Et le monologue se changea en dialogue.

— Erreur, erreur! monsieur, dit-il. Je n'ai pas de préventions.

— Je n'en doute pas, répondit le marquis en s'inclinant ; je sais, monsieur Mathieu, que les préventions sont le fait des esprits étroits soumis à l'ignorance ou tourmentés par l'envie. Mais...

— Mais j'ai contracté dans le commerce l'habitude de ne pas m'arrêter à l'étiquette du sac, à la parure de la marchandise.

— C'est très-sage. Cependant...

— J'aime les choses et les gens pour eux-mêmes. Je les prends pour ce qu'ils valent sans tenir compte de leurs noms, titres ou habits.

— On ne peut mieux. Vous me permettrez...

— Vous êtes marquis; vous seriez prince, duc ou simplement artisan, si ma fille vous préférait — car je n'ai que le droit de conseil — je vous dirais : Touchez-là ! — Vous êtes un honnête homme...

— Cela ne fait pas question.

— Ah ! oui, par exemple, l'honnêteté — l'honnêteté d'abord. C'est notre noblesse à nous; celle que nous rcherchons dans nos alliances.

— C'est la seule précieuse, la base de la famille, de l'ordre social...

— Et puis le mérite, le talent qui font qu'un homme est un homme, et non pas une machine à manger, à boire et à faire des sottises.

— Vous parlez d'or.

— Qu'on s'appelle Jacques, Martin ou Monsieur le comte de Trois Étoiles, du moment où l'on sait faire œuvre de ses dix doigts, où l'on nourrit dans sa tête autre chose que des calembredaines, des idées de débauche ou des passions mauvaises, on a des droits à l'estime et à la considération des honnêtes gens. Voilà mon code de morale.

— Il est parfait.

— Voyons, entre nous, poursuivit l'ancien négociant en croisant les bras, n'est-il pas honteux qu'un homme comme le baron de Charmeuil se conduise... Tenez, cela révolte!... Il a épousé une amie de pension de ma fille, Ernestine Sevrin — un petit ange, ma filleule que je faisais sauter sur mes genoux — l'heureux temps... pour elle! — Le père était mon voisin, un marchand drapier. Il avait amassé une grosse fortune. Le baron vint là, comme le frelon dans la ruche. C'était un beau cavalier, frisé, ganté, vêtu à la dernière mode, portant la moustache en crocs et le lorgnon à l'œil. Je le vois encore, passant à cheval dans notre rue plus fier que Louis XIV sur la place des Victoires. On accourait sur le pas des portes pour l'admirer. Et quelle joie chez le marchand drapier! Ah! les bonnes gens! L'héritier présomptif du céleste empire, fils aîné du soleil, ne les aurait pas plus éblouis. Le jour des noces, tout le quartier prit part à la fête. La *petite*

Ernestine épousait un baron! La *petite* Ernestine devenait baronne! C'était à n'y pas croire. Deux ans plus tard, quel changement! Deuil et ruine! Le baron avait déjeuné de la dot de sa femme, soupé de l'héritage du père, et fait manger la succession de la mère à ses chevaux.

— Oui, oui, dit le marquis d'un air soucieux, je comprends vos préventions.

— Je n'ai pas de préventions, répéta le père de Lucile. Mais enfin ce baron de Charmeuil est un noble de vieille race. Il a trente-huit ans, et il paraît avoir l'âge d'une momie : race usée par l'oisiveté. Ah! l'oisiveté, le vide, le désœuvrement, rien qui ronge comme cela! Aussi... mais vous connaissez le baron, vous êtes son ami?

— C'est vrai. Je l'ai connu avant son mariage. Il voyageait. Nous nous sommes rencontrés au Brésil.

— Au Brésil? J'ai eu des correspondants par là.

— Moi, j'y avais fondé un établissement. C'est là que mon père vint me rejoindre, après avoir gagné en France une médiocrité dorée. Car je suis comme vous, monsieur Mathieu, un enfant de la balle, poursuivit le marquis d'un air bon enfant, je suis le fils de mes œuvres. Nous pouvons sous ce rapport nous donner la main. J'ai travaillé, je travaille encore, et si je comprends que la conduite du baron de Charmeuil... Mais le baron de Charmeuil est une exception. On ne saurait le prendre comme exemple.

— Soit!

— Du reste excellent homme, très-serviable; prodigue de son influence comme de sa bourse.

— Bon prince, j'en conviens. Il a les qualités de ses défauts : bon prince et mauvais sujet.

— N'est-ce pas quelque chose? On rencontre tant de gens qui n'ont que les défauts des qualités qu'ils n'ont pas.

— Au surplus peu importe!

— Vous n'en conservez pas moins vos pré...

— Je n'ai pas de préventions, vous dis-je. Mais je vous avoue que... Enfin que je m'en remets à ma fille. Après tout, c'est elle qui épouse. Je puis bien lui dire : Ce mari là est de bonne étoffe, croisée, pure laine, point brillantée, mais bon teint et solide à l'user. Le tissu de cet autre est formé de fils de soie et d'or; cela flatte l'œil, mais la trame est une toile d'araignée, un canevas sans consistance, dont un orage — et il y en a dans la vie — ferait un haillon inutile. Maintenant choisis. Je puis bien lui dire cela, mais elle a le dernier mot. Vous comprenez?

Le marquis comprenait très-bien, toutefois il n'en paraissait pas plus joyeux ni plus fier.

Mme Mathieu, entrant à ce moment dans le salon, vint lui prêter le secours de son influence.

Elle était parée d'un éblouissant costume de soie nacarat brodé d'or et surchargé de pierreries.

— Lucile, messieurs, dit-elle d'un ton revêche, a de l'intelligence et du cœur. Elle choisira certainement un époux digne d'elle et digne de sa famille.

— Je le crois, madame Mathieu, répondit l'ancien négociant sans s'émouvoir.

Il fit une inclinaison de la tête, tandis que le marquis décrivait une courbe de quarante-cinq degrés, prouvant qu'il avait, à l'occasion, l'échine aussi souple que la langue.

— Je place mes très-humbles prétentions sous les auspices de Mme de Sainte-Claire, dit-il.

— Madame Mathieu! fit M. Mathieu avec brusquerie.

— Madame Mathieu de Sainte-Claire...

— Département du Cantal, ajouta le père de Lucile en haussant les épaules.

L'ex-reine de comptoir eut un sourire de pitié.

— Espérons, monsieur le marquis, dit-elle en composant une belle révérence, qu'unis d'intentions pour le bonheur de notre fille, monsieur de Sainte-Claire et moi....

— Mathieu! monsieur Mathieu! interrompit le bonhomme avec impatience.

— Nous finirons par tomber d'accord, poursuivit madame Mathieu.

— C'est mon vœu. J'aime la paix. En tout cas, soutenant chacun un parti, la chère enfant pourra toujours nous accorder, en se déclarant pour l'un ou pour l'autre. Notre devoir est de l'éclairer, son droit de choisir.

— Mais pour éclairer, il faudrait d'abord être éclairé, monsieur.

— Sans doute.

— Or, je vous le demande : connaissez-vous bien votre protégé? N'êtes-vous pas trompé sur lui?

— Trompé sur mon ami Robert? allons donc!

ce jeune homme est la loyauté même. J'en répondrais comme de moi !

— Eh bien, vous auriez tort.

— Ce n'est pas possible.

— Qu'importe ! si cela est.

Le marquis paraissait étonné. Il n'avait rien dit encore de ses découvertes au sujet de Robert. Il crut discret de se retirer afin de laisser les deux époux s'expliquer librement.

Mais avant de quitter le salon, il remit à Mme Mathieu une lettre sous enveloppe, ayant les dimensions d'un placet. Cette lettre renfermait sans doute un secret dont le maître de la maison ne devait pas être informé ; le marquis la glissa en effet mystérieusement dans la main de Mme Mathieu, à laquelle il dit à voix basse :

— Parfait ! M. le baron de Charmeuil m'a promis de l'appuyer.

— Ne va-t-il pas venir ?

— Qui ça ? le baron de Charmeuil ? demanda M. Mathieu dont le nom du baron avait frappé l'oreille. L'avez-vous invité à notre soirée ?

— Certainement, répondit Mme Mathieu. Il n'est pas, je pense, dans vos intentions de priver Lucile de la société de son amie Ernestine? D'ailleurs le baron nous a rendu des services. C'est un homme qui a les bras longs.

Le marquis se retira.

— C'est un homme dont la compagnie ne saurait me plaire, répondit M. Mathieu. Mais laissons cela. Parlons de mon ami Robert. Que vous a-t-on rapporté contre lui? Des calomnies!...

— Avant tout, j'ai hâte de vous dire, mon ami, dit Mme Mathieu en s'armant de douceur, qu'il serait temps que notre désaccord cessât. Il ne convient pas qu'une jeune fille soit disputée comme l'enjeu d'un tapis vert, ou le gain d'un procès. Cela donne carrière aux mauvaises langues, et il en rejaillit toujours quelque tache sur la réputation de la jeune fille.

— Salomon, le roi des sages n'eût pas mieux dit. Mais vous prétendez que Robert...

— La beauté de Lucile — il n'est personne qui ne l'admire — son esprit, le chiffre de sa dot, en font un joyau digne de figurer dans le monde au premier rang.

—C'est mon avis. Mais Robert...

—M. Robert est un peintre de talent; vous le dites,

je le crois. Mais M. le marquis de Brentano a une position faite, un nom, un titre honorés. Les portes de tous les salons s'ouvrent devant lui. Il peut aspirer aux plus hauts emplois, aux premières dignités. Je sais bien que vous repoussez son alliance à cause même de son titre de marquis. Cependant M. Robert, avec tout le mérite dont vous le gratifiez, en acquerra-t-il jamais un pareil? Je vous parle ici dans l'intérêt du bonheur de notre enfant qui s'est laissée égarer, je le crains, par un amour romanesque. En dehors de cet amour, croyez-vous que Lucile ne préférerait pas être saluée du titre de madame la marquise, au lieu de s'entendre appeler madame Robert? Si vous croyez cela, mon ami, vous ne connaissez pas les femmes. Un grand nom, un titre de noblesse sont aussi des parures; et autant vaudrait croire qu'elles préfèrent une toilette de récluse à la soie et aux diamants.

— Lucile est de mon sang.

— Elle est aussi du mien, je le suppose. Cédant aujourd'hui au premier élan de son cœur qui s'ouvre, elle peut obéir à vos conseils. Mais quand cet élan sera calmé, et qu'elle retombera du haut de ses rêves d'amour éternel, en face d'un pauvre artiste, travaillant avec plus ou moins de succès à obtenir une réputation incertaine, alors, alors, mon ami, n'aurez-vous pas à craindre qu'elle ne vous accuse de l'avoir mal conseillée?... Il sera trop tard, et vous la verrez malheureuse, froissée dans toutes les aspirations, dans toutes les ambitions de briller, de paraître, qui sont — quoi que vous en puissiez dire — dans le cœur de la femme, de la femme surtout! Elle regrettera de n'avoir pas choisi un mari qui en l'épousant lui aurait apporté...

— Quoi? rien! un morceau de parchemin bon pour faire un tambour? Qu'est-ce que c'est que votre marquis? que sait-il? que fait-il? Il prétend s'occuper de beaux-arts. Mais il ne s'en occupe que pour acheter et vendre des tableaux — sans patente, entre amis. Otez-lui son titre de marquis, et il ne reste plus qu'un brocanteur interlope. D'ailleurs existence errante, tantôt ici, tantôt là; fortune douteuse. Ce qu'il recherche, voulez-vous que je vous le dise? c'est le million de dot...

— Eh! croyez-vous que votre M. Robert soit un diamant sans défauts?

— Au moins, c'est un homme, un homme qui travaille, qui produit, qui brille par ses œuvres, et non de l'éclat emprunté d'un substantif. C'est de l'or et non du clinquant. De défauts, je ne lui en connais pas. Artiste de génie, toujours occupé, il n'a pas le temps d'avoir des défauts, et il n'est pas assez riche pour en nourrir. Les défauts, ça coûte cher.

— Mais on peut faire des dettes.

— Des dettes ?

— Je vous ai dit que vous ne le connaissiez pas. En vous voyant vous enticher de lui si follement, j'ai...

— Vous avouerez que le service qu'il nous a rendu méritait...

— Non pas que nous lui jetassions notre fille à la tête peut-être ?

— Le cœur de Lucile a parlé.

— Sous vos inspirations.

— Il n'en était pas besoin. Lucile a été séduite comme vous l'auriez été vous-même par la générosité, la franchise, la loyauté, l'esprit, la grâce, le talent, enfin tout. Ah ! il n'est pas noble de nom, celui-là, mais il est noble de cœur. On se sent fier de lui serrer la main ; c'est un homme !

— Et cependant cette loyauté, cette franchise

qui vous transportent n'ont pas été jusqu'à vous révéler sa position. Ce noble cœur mène à ce qu'il paraît une vie des plus équivoques.

— Qui vous a fait ces rapports ?

— Notre homme d'affaires.

— Jeanson ?

— Jeanson, lui-même. Vous voyant, dis-je, ensorcelé de ce Monsieur, j'ai consulté Jeanson ; je l'ai prié de prendre des informations ; ce que vous auriez dû faire vous-même. Or, d'après ce qu'il m'a dit, les vertus de cet artiste seraient bien loin de répondre à votre extravagant enthousiasme. M. Robert s'enveloppe de mystères, vit de dettes et s'habille de noms d'emprunt.

— C'est faux ! c'est faux ! répondit M. Mathieu indigné. On vous a trompée. Cela n'est pas croyable.

— Je pensais bien vous trouver incrédule, fit observer froidement Mme Mathieu. Aussi avais-je recommandé à Jeanson de me procurer des preuves à tout prix. Il vient de m'envoyer cette lettre de change souscrite... lisez, et cette lettre d'affaires qui prouve que votre protégé ne dédaigne pas de prendre un nom titré, un faux nom.

Elle mit sous les yeux de M. Mathieu une lettre de change signée du nom de Robert, puis une lettre d'affaires signée du titre et du nom de comte de Kernoë.

Le père de Lucile examina ces pièces avec inquiétude ; elles partaient évidemment de la même personne. C'était la même écriture, et la lettre d'affaires parlait de la lettre de change.

Néanmoins, doutant toujours, il répéta :

— Cela n'est pas croyable !

— Ce qui l'est moins encore, c'est votre aveuglement, dit Mme Mathieu triomphante. Du reste, poursuivit-elle, Jeanson est sur la trace de renseignements beaucoup plus graves, qui, je l'espère, vous forceront d'ouvrir les yeux. En attendant, je puis vous dire à mon tour : cet homme vous trompe !

M. Mathieu redressa la tête.

— Madame, vous avez commis là une indiscrétion, une indélicatesse, dit-il en froissant les papiers.

— Auriez-vous préféré que je vous laissasse compromettre l'existence de notre fille, Monsieur ?

— Non, tout cela n'est pas vrai. C'est faux ! reprit l'excellent homme accablé... A qui se fier ?

Mais il m'a promis de venir à notre réunion. Il est même étonnant qu'il ne soit pas arrivé... Oh ! s'il m'avait trompé ! C'est faux ! c'est faux ! Voyons donc ; peut-être est-il au salon...

Il sortit vivement agité. Mme Mathieu se disposait à le suivre, mais le marquis se présenta devant elle.

— Que de remerciements, dit-il, que de grâces, Madame de Sainte-Claire, n'ai-je pas à vous rendre ?

— Vous avez écouté ?

— J'ai entendu.

— Oh ! nous l'emporterons. Mais à quel danger nous exposait son inconséquence ?

— Un danger épouvantable !

— Occupons-nous de la pétition, continua Mme Mathieu, en tirant de son sein le papier que lui avait remis le marquis. Si nous réussissons de ce côté, M. Mathieu sera désarmé, vaincu.

— Et décoré. J'ai fait apostiller cette pétition par M. de la Palude, comme vous l'avez pu voir. J'attends le baron de Charmeuil.

— Viendra-t-il ? S'il ne venait pas !

— Il viendra. Je lui ai donné rendez-vous dans vos salons. Patience. Déjà au ministère nous avons été rendre visite au chef de division qui est son parent. Ce chef se montre très bien disposé.

— Le baron de Charmeuil a fait décorer défunt M. Sevrin, son beau-père : un marchand drapier!

— M. de Sainte-Claire a certainement plus de droits : un fabricant !

— Que je vous suis reconnaissante , Monsieur le marquis !

— Ne vous suis-je pas tout dévoué, madame de Sainte-Claire !

— Car il est bien pénible, je vous le jure, de voir son mari, à l'âge de M. de Sainte-Claire, dépourvu de la croix!

— Ce doit être en effet bien pénible. Et puis il est permis de penser que M. de Sainte-Claire une fois admis dans la légion ne se montrera plus si rébarbatif envers ceux qui ont part aux honneurs. Il y a, quoi qu'on fasse, un levain d'envie au fond des cœurs les plus généreux. Si César eût partagé la couronne de l'univers avec Brutus, il n'aurait pas été tué par lui.

— Idée profonde !

— M. de Sainte-Claire nourrit toutes sortes de préventions contre les titres et ceux qui les portent. Quand il aura goûté des raisins, il ne les trouvera plus trop verts; espérons-le.

— Espérons aussi qu'il saura reconnaître votre dévouement, Monsieur le marquis.

— Il n'est qu'une seule récompense, qu'un seul bien que je désire obtenir, madame de Sainte-Claire...

— Je le sais... vous l'obtiendrez, dit Mme Mathieu, en allant au devant de Lucile, qui entrait sur l'entrefaite, tandis que le marquis se retirait à l'écart, avant d'avoir été vu de la jeune fille.

Sous sa blanche toilette, parée de sa seule beauté, Lucile était ravissante et douce au regard comme une matinée de printemps; le cœur souriait charmé par sa présence. Cependant ses yeux étaient pensifs, une légère brume voilait l'éclat rose de son gracieux visage.

— Lucile, lui dit Mme Mathieu en lui prenant la main, n'as-tu pas confiance en moi? Crois-tu que je veuille te voir malheureuse?

— O chère mère! ne sais-je pas que vous m'aimez?

— Alors pourquoi me refuser la direction de tes sentiments? Pourquoi ne pas écouter mes avis?

Une mère — un jour tu l'éprouveras — est seule capable de bien conseiller sa fille dans les circonstances où tu te trouves, car elle le fait avec son expérience de la vie et son cœur de femme. Quand je recommande à tes affections monsieur le marquis de Brentano...

— Je voudrais pouvoir l'aimer, chère mère, mais je vous l'ai dit...

Le marquis craignit la fin de la phrase ; quittant le coin du salon, il s'approcha vivement de la jeune fille.

— Mademoiselle, dit-il, pardonnez-moi. Daignez ne voir dans mon insistance que la preuve de mon profond amour. Encouragé par Madame votre mère, par l'espoir qui sort avec tant de peine, tant de souffrance d'un cœur sincèrement épris, j'ai sollicité... Mais je ne saurais aller jusqu'à me rendre importun ; je n'aurai pas le courage de vous déplaire. Je retire ma demande, et vous prie de n'y plus songer.

Ce changement soudain et inattendu causa une extrême surprise à Mme Mathieu.

— Cependant, dit-elle, il me semble, Monsieur...

— N'y songeons plus nous-mêmes, madame de

Sainte-Claire, interrompit le marquis. Je n'avais, poursuivit-il en s'adressant à Lucile, qu'une ambition : celle de votre bonheur. Un autre, moins aimant peut être, sera plus heureux... Je dois m'incliner devant vos volontés.

— Mais, fit Mme Mathieu qui n'en croyait pas ses oreilles.

— Chut! lui dit le marquis à voix basse, je suis sûr qu'elle me déteste déjà moins.

En effet Lucile, aussi étonnée que Mme Mathieu, regardait le marquis d'un air plus confiant.

— Monsieur, dit-elle avec émotion, je ne puis pas vous aimer ; ma mère en sait le motif. Mais croyez bien, Monsieur, que la générosité de vos procédés me touche, et que j'en conserverai le souvenir.

— Vous voyez? dit le marquis à Mme Mathieu. Soyez assez bonne pour nous laisser un moment. Je crois que le baron de Charmeuil est arrivé...

Mme Mathieu se retira, en promettant à sa fille de la rejoindre bientôt.

Le marquis accompagna Lucile dans le salon de la danse, et tout en marchant près d'elle, il reprit la conversation.

— Vous avez dit, Mademoiselle, que vous ne pouviez pas m'aimer, fit-il. Puis-je croire que vous ne me haïssez pas?

— Et pourquoi vous haïrais-je ? répondit Lucile. Vous vous êtes toujours montré bon et rempli d'attentions pour moi. Ma mère vous donne ses préférences, vous avez l'estime de mon père. Ce ne sont pas là des titres à l'aversion.

— Que vous êtes indulgente !

— Vous l'avouerai-je ? Depuis un moment, je me reproche de vous avoir mal jugé.

— Depuis que j'ai renoncé à vous tourmenter de mes prétentions ? que j'ai abandonné l'espérance d'être aimé ? O, Mademoiselle ! c'est un bien grand sacrifice ! Il faut bien vous aimer pour s'y résoudre. Mais qu'importe mon bonheur, pourvu que vous soyez heureuse !..

— Oh ! les belles et bonnes paroles ! dit la jeune fille en souriant avec effusion. De grâce, ne vous montrez pas si généreux, vous me donneriez des regrets, des remords.

— Non, non, continuez plutôt à croire que je suis indigne de vous, et vivez en paix, vivez contente de m'avoir préféré un rival. Que ce rival vous comble des félicités dont j'eusse voulu embellir votre vie, et je serai content moi-même, sinon heureux. J'aurai fait mon devoir. Je comprends l'amour comme un dévouement.

— Ne me rendez pas confuse..., répondit Lucile émue. Comment vous remercierai-je ?

— Ne me remerciez pas. Permettez seulement à... à mon amitié de veiller sur vous.

— Oh ! je ne crains plus rien. Je n'ai plus d'inquiétude. Mon père était favorable à mes vœux, vous y avez converti ma mère. Il n'y a plus de nuages entre moi et le bonheur !

A ces paroles, le marquis prit un air attristé.

— Je voudrais, dit-il, partager vos illusions, — Mademoiselle.

— Mes illusions ! que voulez-vous dire ? demanda Lucile avec inquiétude.

— Qu'on éprouve parfois de bien cruels désenchantements.

— Qu'est-ce encore? Oh! vous me faites trembler.

— Mais quelque malheur qui arrive, souvenez-vous que vous avez en moi un ami.

Ces craintes éveillées dans le cœur de la jeune fille, le marquis eut la cruauté de l'inviter à danser.

Mais Lucile s'excusa, disant qu'elle était souffrante. Il lui tardait de retrouver sa mère. Elle se mit à la chercher parmi les groupes des invités.

L'orchestre était tenu par des artistes de premier ordre; les glaces, les tableaux, les dorures et l'illumination des salons formaient un ensemble éblouissant. C'était en somme une soirée très brillante. La réunion se composait de riches commerçants, de juges et anciens juges du tribunal de commerce, d'hommes de bourse, de coureurs de fêtes, loustics en gants jaunes, venus pour se gausser et rire de quelques gens de noblesse, mais de noblesse incertaine ou ruinée, orgueil néanmoins des bals de Mme Mathieu.

La digne femme gonflée sous sa parure comme la grenouille de la fable, paradait heureuse, fière et superbe au milieu de ses hôtes qui l'examinaient, la questionnaient et l'écoutaient avec une admiration très démonstrative sinon très franche.

La richesse exagérée de son costume avait tout d'abord indisposé les dames, dont les toilettes devaient se trouver éclipsées par celle de la maîtresse de la maison. Cependant Mme Mathieu était loin de deviner la signification des sourires jaunes, des œillades rouges et des compliments verts qui lui étaient adressés par les Junons humiliées.

— Nous venons dans ce musée de curiosités, avait dit en entrant le baron de Charmeuil, pour y étudier les bizarreries de la civilisation bourgeoise.

Le baron était un de ces élégants débraillés, blasés, usés, Diogènes du grand monde, qui passent à travers la vie, le sarcasme aux lèvres, retrempant leur verve dans une incessante ébriété.

Après avoir fait le tour des salons, en riant, en raillant et en lançant les épigrammes autour de lui, comme une fusée jette les étincelles, il s'était dirigé vers une salle où se trouvait un appétissant buffet.

Il se mit tout aussitôt à attaquer le bataillon des bouteilles.

Mme Mathieu, attirée par le bruit de ses éclats de rire; Lucile, guidée par la splendeur de la toilette de sa mère, entrèrent dans la salle; le marquis les suivait.

— Monsieur le baron de Charmeuil, dit Mme Mathieu en exécutant une révérence princière, daignera-t-il honorer cette pétition de son apostille?

Elle présentait le papier déployé. Le baron, une

bouteille d'une main, un verre de l'autre, la considéra d'un air grave ; puis il vida le verre d'un trait.

— Comment donc? dit-il ensuite, mais volontiers, belle dame — d'autant plus que ma signature n'a pas encore perdu tout son crédit de ce côté-là.

Il posa la bouteille et le verre sur la tablette du buffet.

— Ah! ah! bonjour, marquis, poursuivit-il. Comment va ? Quoi de nouveau ?

Le marquis de Brentano lui serra la main.

— Mademoiselle, continua le baron de Charmeuil, en s'inclinant devant Lucile, je viens de contempler dans le salon de monsieur votre père, un portrait, un chef-d'œuvre de beauté, de grâce, de sentiment, un idéal, un rêve séraphique... Mais je vois ici que le peintre, si grand que fût son génie, devait rester au-dessous du modèle.

Ce chef-d'œuvre était le portrait peint par Robert.

— Eh! eh! pas mal, murmura le marquis.

— Divine! reprit le baron à demi-voix, en considérant la jeune fille. Un million de dot pour monture à une aussi admirable perle — c'est trop du million, heureux coquin!

Lucile, après avoir salué le baron, s'était mise à causer avec sa mère, qui arrangeait sur une table une écritoire et des plumes.

— Vous paraissez souffrir, baron, dit le marquis à voix basse. Vous avez le visage altéré.

— Ah! s'il n'y avait que le visage, répondit le baron sur le même ton, mais la bourse, la gorge; tout est altéré chez moi, mon ami, tout est en souffrance... même le cœur... même l'habit! Les belles se détournent de moi depuis qu'elles m'ont ruiné, et je suis obligé de me détourner de mes tailleurs depuis que je les ai...

— Enrichis? dit le marquis en souriant.

— Hélas! l'homme est pétri d'ingratitude!

— Et le cheval de reconnaissance? Témoin Rossinante qui vous a fait gagner le handicap aux courses de Boulogne.

— Bon! — deux cents louis. Pas de quoi manger...

— Du foin?

— Avec ses amis, dit le baron en serrant la main du marquis.

— Ah! ah! très bien. Vous savez que je vous attends demain pour le déjeuner...

— D'adieu au célibat.

— Oh! oh! pas encore.

— Où en est le mariage?

— Mais, à la fleur...

— Il faut prendre garde aux gelées. On dirait que votre Chimène a froid devant vous. Corbleu! si je n'étais pas complet, je vous réponds bien — un million de dot! Ces bourgeois ont du bon.

Et le baron alla sabler une nouvelle rasade.

Mme Mathieu avait fini ses préparatifs. Elle l'invita à signer la pétition. C'était, nous l'avons dit, une demande ayant pour but d'obtenir la décoration en faveur de M. Mathieu.

Le baron écrivit quelques lignes de recommandation et signa.

— Mais il manque ici, dit-il ensuite, en parcourant le papier des yeux, la principale signature, celle de M. Mathieu.

— Monsieur de Sainte-Claire n'est pas instruit de nos espérances, répondit Mme Mathieu. C'est une surprise que M. le marquis et moi nous lui avons ménagée.

Elle envoya un domestique chercher le maître de la maison.

M. Mathieu parut bientôt, et demanda ce qu'on lui voulait.

— Vos amis ont pensé, monsieur de Sainte-Claire, répondit Mme Mathieu, en prenant la pose d'un ambassadeur haranguant un potentat, que vous aviez des droits sacrés à la décoration de la Légion d'honneur. Ils ont rédigé cette pétition que M. de la Palude, M. le baron de Charmeuil et M. le marquis de Brentano ont bien voulu apostiller. Il n'y manque plus que votre signature.

M. Mathieu écouta ce discours avec stupéfaction. Puis il prit vivement le placet des mains de sa noble épouse.

— Moi, décoré? dit-il en jetant un regard sur la pétition.

Le baron de Charmeuil s'était placé près du buffet; tout en dégustant les liqueurs, il examinait son hôte d'un air curieux.

— Le bonhomme est ébloui, dit-il à l'oreille du marquis. Cela lui monte à la tête. Brave bourgeois, va! sotte grenouille qui veut devenir bœuf?... Baste! fumées de l'orgueil, fumées du vin, tout est fumée!

Et sur cette belle péroraison, il vida son verre.

— Mais c'est insensé! dit avec explosion M. Mathieu. On se moque de moi! qu'ai-je fait pour être décoré?

Il froissait en même temps la pétition.

— Mais, répondit Mme Mathieu surprise et embarrassée, vous avez des droits sacrés, mon ami. Vous avez...

— J'ai fabriqué des rubans, des soieries, des velours, et à ce métier-là, j'ai gagné une fortune; sont-ce là des droits sacrés?

— Vous êtes un ancien notable, monsieur de Sainte-Claire, dit le marquis.

— D'abord, je ne m'appelle pas monsieur de Sainte-Claire, je me nomme Mathieu, monsieur. Ensuite...

— Ensuite, continua le marquis, vous avez été membre du jury, du conseil des prud'hommes, juge au tribunal de commerce...

— Eh! eh! ce n'est pas cela, fit de Charmeuil, mis en verve par les spiritueuses libations : vous avez fabriqué tant de rubans, qu'il paraîtra juste de vous accorder l'autorisation d'en porter un bout à votre boutonnière, ne fût-ce que comme échantillon!

— Oui, raillez, moquez-vous, monsieur; vous avez raison, répondit M. Mathieu indigné. Rien n'est plus sot, en effet, à mon avis — et au vôtre, à ce qu'il paraît — qu'un homme qui sans valeur personnelle, prétend se parer d'un ruban ou d'un titre... Ce n'est plus un homme, c'est un mannequin, un masque ridicule, dont il est permis de rire, quand ce n'est pas un fripon dont il faut se défier!

A ces mots, d'un geste magnifique, il déchira la pétition, et en laissa tomber les morceaux à ses pieds.

— Que fait-il? dit Mme Mathieu consternée.

— Pour moi, reprit M. Mathieu, j'aime à me persuader, quand je vois un ruban sur une poitrine, que ce ruban signale un service rendu au pays ou un mérite exceptionnel. Et si j'en voyais un à ma boutonnière...

— Vous êtes trop rigoureux, monsieur, interrompit le marquis.

— Non, monsieur! Tous les honnêtes gens sont, je suis sûr, de mon avis.

— Il est sublime, le bourgeois, dit de Charmeuil, en a-parte. Vraiment noble... comme son vin! ajouta-t-il en remplissant son verre.

— Aujourd'hui, monsieur, reprit le marquis en s'adressant à M. Mathieu, il n'est pas besoin d'avoir sauvé le Capitole pour...

— Pour devenir marquis, interrompit le baron, avec le rire saccadé de l'ébriété. Eh! eh! eh! c'est pardieu vrai! Le marquis de Brentano peut vous le dire... et vous donner la recette. Recette aussi simple que celle de la cuisinière bourgeoise. Pour faire un civet, achetez un lièvre; pour faire un marquis, achetez un marquisat.

— Baron! dit le marquis avec inquiétude.

Mais de Charmeuil était lancé; il poursuivit :

— Autrefois on demandait — on demande encore en France — des services, des victoires. Mais le service est difficile, et la victoire ne luit pas pour tout le monde... Alors, alors, ma foi, on se rend à l'étranger — au Brésil, par exemple. — Là, on achète un lièvre — je me trompe — un marquisat. Ce n'est pas cher. Cela vaut, il est vrai, ce que ça coûte. N'importe! on est marquis; et sous cette enseigne, on continue à faire le commerce. On est marquis de la brocante!

— Baron, baron! dit le marquis avec colère, avez-vous l'intention de m'insulter!

— Dieu m'en garde, très-cher. Vous êtes trop mon créancier pour cela... Et puis vous êtes un bon enfant... M'en voudriez-vous d'indiquer votre recette à votre futur beau-père? Ce serait de l'égoïsme. Riche, et aimant la gloire, il peut avoir comme vous la fantaisie de se décrasser de son nom bourgeois.

— Merci, dit M. Mathieu, mon nom est celui d'un honnête homme. Je n'ai pas à en rougir.

— Eh! eh! nous n'avons pas à rougir du nôtre... Les barons de Charmeuil datent de trois siècles. Notre ancêtre a gagné sa baronnie en battant les Espagnols et en sauvant le pays de la famine. Il l'a payée de son sang, non de sa bourse. C'était un homme d'épée et un savant!

— Monsieur, dit fermement M. Mathieu, je pourrais avoir une grande vénération pour le souvenir et le nom de votre ancêtre; mais je regrette...

— Vous regrettez, monsieur Mathieu?

— Je regrette qu'on n'ait pas décrété que les vertus qui créent la noblesse, fussent héréditaires comme les parchemins.

— Vous dites?

— Je dis, Monsieur, que j'aime que l'étiquette

annonce la marchandise, et qu'on ne me donne pas du velours de coton pour du velours de soie, ni un geai pour un aigle. Je dis que je préférerais m'appeler M. Mathieu, ancien fabricant — ou mieux encore, M. Robert, artiste peintre... être en un mot plus grand que mon nom, que d'avoir un nom plus grand que moi...

— Ah! ah! curieux, fit le baron en riant aux éclats.

— Je dis, poursuivit M. Mathieu dont ce rire échauffait le langage, que je comprends la noblesse dans les actes plutôt que dans les titres; et qu'à mon avis M. Robert dont je vous parlais, M. Robert notre illustre artiste, est plus noble avec son simple nom de Robert, ennobli par son génie, qu'un baron quelconque obligé d'exhumer son titre à nos respects de la poussière de trois siècles, ou qu'un marquis ayant été acheter le sien à prix d'argent, par delà les mers!

— A la bonne heure! s'écria de Charmeuil. Et ma foi, vive les Gaulois!

— C'est mon opinion, reprit M. Mathieu d'un ton plus calme. Pardonnez-moi de l'avoir exprimée un peu rondement peut-être... Et croyez que je n'oublie pas que vous êtes mon hôte.

— Vous êtes un brave et honnête homme, monsieur Mathieu, répondit le baron sérieusement. Il faudrait être bien sot pour se formaliser de votre franchise. Je comprends et j'aime la vertu, moi, quoique je ne la pratique pas. D'ailleurs, vous avez raison plus que vous ne le croyez. M. Robert est plus noble que moi, et sa noblesse remonte plus haut que la nôtre.

— Noble? allons donc! Ce serait trop dommage! Il est bien mieux que noble.

— Oui, barbouilleur, n'est-ce pas? Mais il en rougit, et il s'en cache.

— Barbouilleur? répéta M. Mathieu indigné.

— Oh! oh! vous ne comprenez pas cela, poursuivit en riant de Charmeuil. Vous ne comprenez pas que ce génie de la brosse qui rendrait glorieux un fils de bourgeois, est une déchéance pour un héritier des comtes de Kernoë.

— Comte de Kernoë? répéta M. Mathieu stupéfait.

— Ignoriez-vous son travestissement? C'est un secret, mais un secret de comédie.

— Quoi! dit Mme Mathieu vivement intéressée, M. Robert, artiste peintre, est... comte de Kernoë?

Lucile, qui se tenait près de sa mère, assistant muette et immobile à cette scène étrange, avait tressailli en entendant la révélation du baron.

— O grand Dieu, est-ce possible? dit-elle en se jetant tout éplorée dans les bras de Mme Mathieu.

— Baron, dit le marquis de Brentano, vous avez le Madère bien indiscret.

— Que se passe-t-il donc? demanda le baron étonné, en considérant Lucile. Ah! ah! je devine... un amour d'artiste... Almaviva Raphaël... Ah! ah! ce coquin de Kernoë... Eh bien, et vous marquis de Bartholo?

— Je le savais, dit le marquis.

— Que saviez-vous, monsieur? demanda M. Mathieu avec humeur.

— Je savais, monsieur, que le comte de Kernoë vous trompait sur son origine.

— Et vous ne nous avez pas avertis! dit Mme Mathieu avec reproche. Ah! monsieur le marquis...

— J'attendais, madame, de la loyauté du comte, une révélation qu'il ne peut manquer de vous faire, car il sait que je connais ses manœuvres; j'ai été l'en prévenir.

A ce moment, un domestique entra, et s'approchant de M. Mathieu, il lui dit à demi-voix :

— Monsieur Robert...

— Est-ce lui ! dit Mme Mathieu en quittant vivement la chambre.

M. Mathieu, le marquis et le baron la suivirent dans le salon. Lucile marchait derrière son père. La baronne de Charmeuil, en la voyant toute pâle et bouleversée, vint se placer près d'elle.

— Eh! grand Dieu, chère amie, d'où vient ce trouble? lui dit-elle avec inquiétude. Le marquis l'a-t-il emporté? Il passe avec la figure du triomphateur... Pourquoi cet air chagrin?

— Est-ce que j'ai l'air chagrin? dit Lucile en maîtrisant son émotion.

— Je plaisante.

Les deux amies se regardèrent pendant un moment en silence; puis elles se serrèrent la main avec mélancolie.

— Te souviens-tu, reprit Ernestine, des bonnes parties que nous faisions ensemble dans le magasin de ton père? Que nous étions joyeuses! comme nous riions de bon cœur! Qui nous eût dit alors qu'on nous appellerait un jour, moi la *petite* du fabricant de boutons : Madame la baronne de

Charmeuil — toi, la fille du marchand de soieries : Madame la marquise de Brentano ?

— Tu n'es pas heureuse, dit Lucile avec trouble.

— Moi ? autant que la femme d'un lapithe, j'imagine. Le baron n'est pas méchant. On le dit même philantrope — il est certain qu'il adore les chevaux. Ce n'est pas à lui qu'il faudrait s'en prendre, mais à nos rêveries de jeunes filles. Peut-être n'aurais-je pas été plus heureuse avec...

— Avec ton pauvre cousin ? Il t'aimait bien pourtant.

— Mais il était pauvre, comme tu le dis. Et il n'avait pas de titre pour parer sa pauvreté... Il n'avait pas même eu la chance de nous sauver, comme M. Robert... M. Robert fera mieux que lui ; il se mariera...

— Que dis-tu ? fit Lucile en tressaillant.

— Veux-tu le condamner au célibat, parce qu'il te plaît de lui préférer un homme que tu n'aimes pas, d'épouser un titre ? Pauvre jeune homme ! Je le vois encore se jetant à la tête des chevaux de votre voiture au moment où nous allions être brisés contre la fontaine de la place de la Concorde ; car j'y étais, et je lui dois aussi la vie. Tu paraissais l'aimer, et voilà qu'un marquis... L'un est un grand cœur, un esprit d'élite, une âme généreuse... c'est un artiste de premier ordre. L'autre... n'importe ! en l'épousant, tu deviendras Mme la marquise. Oh ! mon amie ! Dieu veuille te rendre ce titre léger !

— Ernestine... ah ! ne m'accable pas ! dit Lucile en laissant couler ses larmes. Robert... M. Robert nous a trompés ; il nous trompe ! Il est le comte de Kernoë !

Elle se couvrit les yeux de son mouchoir, et courut rejoindre sa mère ; la baronne de Charmeuil la regardait aller, pétrifiée d'étonnement.

La fête était très-animée. Le bruit de l'orchestre, le murmure des conversations, l'intérêt que chacun des invités prenait soit à la danse, soit au jeu, soit à des intrigues intimes et mystérieuses, empêchaient qu'on ne remarquât la préoccupation des maîtres de la maison. Vingt drames et autant de comédies se croisent et se coudoient dans une assemblée nombreuse, sans que les uns se doutent de l'existence des autres.

M. Mathieu aperçut Robert qui venait d'entrer dans le grand salon. Il alla à lui.

— Parbleu, mon jeune ami, lui dit-il avec sa rondeur habituelle, vous arrivez bien tard. Il faut que je vous gronde devant tout le monde... Monsieur Robert, ajouta-t-il en le présentant aux invités, auteur de ce portrait de ma fille.

Et il montrait de la main le portrait en question qui de l'atelier de la rue de Varennes avait été transporté dans son salon, où on lui avait donné la place d'honneur.

La jeune fille était, nous l'avons dit, représentée de grandeur naturelle. Un livre à demi-fermé entre les mains, elle se promenait les yeux rêveurs, le sourire aux lèvres ; une pensée heureuse éclairait son front. Les boucles de ses cheveux noirs aux reflets bleus encadraient son fier et doux visage, nuancé de teintes roses. Elle était vêtue de blanc. Le peintre l'avait placée dans un cadre de verdure, sous une allée ombreuse traversée de rayons de soleil. Elle marchait à pas lents sur un tapis de hautes herbes émaillé de boutons d'or.

Rien ne saurait rendre l'effet charmant produit par cette peinture d'une beauté vivante. Il s'en exhalait un parfum printanier rempli de fraîcheur et de poésie. C'était le printemps de la vie et le printemps de l'année souriant ensemble à l'avenir, rayonnant d'espérances et de promesses de bonheur...

Il était impossible de ne pas être saisi à la vue de ce tableau.

Robert fut accueilli par l'assemblée avec un empressement enthousiaste. On lui prodiguait les compliments, on se disputait l'honneur de lui serrer la main.

— C'est admirable! dit le baron de Charmeuil d'un ton sarcastique. Ah! ah! vraiment, monsieur Robert, vous outrez votre rôle.

— Pour moi, dit un autre invité, je n'ai jamais rien vu de si parfaitement beau que les œuvres de Monsieur. Le portrait de Mlle Mathieu est un véritable poème.

— Vous êtes trop bons, Messieurs, trop indulgents, dit Robert.

— Nous ne sommes que justes, fit le marquis de Brentano en s'approchant. Nous avons en France peu de peintres capables d'exécuter de cette façon un portrait de genre... Une indiscrétion a été commise à votre égard, Monsieur, continua-t-il à l'oreille de Robert. Toute feinte est désormais inutile.

La loyauté me fait un devoir de vous avertir....

— Vous prenez trop de soins, Monsieur, répondit l'artiste.

Lucile considérait avec anxiété les deux rivaux. Elle se rapprocha de son père, tandis que Robert placé de l'autre côté de M. Mathieu, lui disait à voix basse :

— Je vous demande un moment, monsieur, il faut que je vous parle ce soir même.

— Oui, oui, je le pense bien, répondit M. Mathieu d'un air attristé.

En même temps, il se dirigea vers un cabinet, accompagné de Lucile; Robert et Mme Mathieu les suivirent, laissant les invités au divertissement de la fête.

IV

LES EXPLICATIONS

On s'assit devant la cheminée : Robert près de M. Mathieu, Lucile, près de sa mère.

Mme Mathieu avait pris son air le plus sec et le plus guindé. Lucile était pâle d'inquiétude, et M. Mathieu paraissait n'en pas croire ses réflexions.

— Ce qui est doux à la bouche est quelquefois amer au cœur, dit-il en s'adressant à l'artiste. On m'a rapporté, depuis que je vous ai vu, des choses que je ne puis croire, mon ami. Je vous attendais avec impatience. Pardon, mais je suis comme cela, moi.—Quand il m'arrive de rencontrer sur ma route un homme de cœur, un homme de dévouement, un homme de talent, j'en suis fier comme si cet homme était mon parent. Je l'aime! je sens tout ce que j'ai là — et il se frappait sur la poitrine, — se porter instinctivement vers lui. Il me semble que je le connais depuis longtemps, que c'est un ami disparu que je retrouve. Je suis heureux de son bonheur, glorieux de ses succès. Je vis de sa vie; je souffre de ses douleurs et... de ses fautes...

La chaleur communicative de ce langage, le naïf enthousiasme, la cordialité franche du brave homme, eussent touché une âme moins haute et moins pure que celle de Robert.

— Je me doute, monsieur Mathieu, répliqua-t-il, de ce qu'on a pu vous dire. On vous a dit que le nom de Robert n'était que mon prénom, que je ne vous avais pas fait connaître ma position de famille. En cela on vous a dit vrai!...

— Vrai? fit M. Mathieu en tressaillant.

Lucile devint plus pâle. Mme Mathieu attacha son regard au visage de l'artiste.

— Je m'appelle Robert de Kernoë. Je suis le fils de la comtesse de Kernoë. C'est un aveu que je devais vous faire, monsieur, que j'aurais dû vous faire plus tôt peut-être à vous, sinon à d'autres.

Et Robert expliqua avec tous les ménagements oratoires possibles, la position et les opinions de sa mère, sa position à lui, ses affaires de famille, et les considérations qui l'obligeaient à ne se produire dans les arts que sous son prénom.

— Ma chère et excellente mère, dit-il, ne comprend pas le travail comme vous pouvez le comprendre; et elle considérerait comme une dérogation aux principes de la noblesse, comme une tache au blason de la famille que son fils fût connu et remarqué, à titre d'artiste.

Ces explications, écoutées en silence, amenèrent un complet changement dans l'attitude et l'expression des personnages de cette scène.

On aurait pu voir le visage de Mme Mathieu se rasséréner, pour ainsi dire, de phrase en phrase, aux paroles de Robert. La digne femme, nonchalamment étendue sur son fauteuil, se redressa comme la plante ployée par l'orage se ranime et se relève sous les rayons du soleil; son buste prit la position verticale. Elle écoutait l'artiste de toutes ses oreilles avec un intérêt manifeste. Un sculpteur se fût inspiré, en la regardant, pour le dessin d'une statue de l'Attention.

6.

Le visage de Lucile, au contraire, s'était voilé de tristesse. Pâle et oppressée, la pauvre jeune fille semblait au moment de s'évanouir. On eût dit qu'elle venait de voir s'envoler, au souffle des paroles de Robert, toutes les espérances de sa vie.

M. Mathieu paraissait absorbé, préoccupé, étourdi, comme un homme qui vient de recevoir une tuile sur la tête et qui cherche à reprendre ses idées, troublées par la commotion.

— Monsieur votre père est mort, monsieur, dit Mme Mathieu, avec une amabilité de syrène. Alors vous avez hérité de son titre de comte, de son blason et de sa couronne comtale. Vous êtes, de son chef, le comte de Kernoë?

— Oui, madame.

— Cela est beau, très-beau.

Mme Mathieu rayonnait de satisfaction.

A peine un moment auparavant avait-elle daigné saluer le peintre Robert; elle prodigua les paroles caressantes et les compliments flatteurs au comte de Kernoë.

— Monsieur, dit M. Mathieu revenu à soi, je comprends les idées de madame votre mère. Peut-être dans sa position, c'est-à-dire noble de vieille race, penserais-je comme elle. Cependant, il me semble, comme je le disais ce soir encore, que le talent et le dévouement devraient être considérés comme les véritables titres de noblesse, et passer avant les parchemins. Vous êtes un homme de talent, un homme de cœur, ce sont à mes yeux vos meilleurs titres; ils m'avaient séduit. Je regrette que vos parchemins viennent élever une barrière entre nous.

Robert parut surpris.

— Vous venez nous dire sans doute, poursuivit M. Mathieu, que le fils de la comtesse de Kernoë ne peut pas épouser la fille d'un ancien marchand. C'est bien! qu'il n'en soit plus question. Ce n'est pas non plus le fils de la comtesse de Kernoë dont je recherchais l'alliance.

— Il me semble que le titre de noblesse de monsieur ne gâte rien, dit Mme Mathieu qui, sans renoncer au marquis de Brentano, n'était pas fâchée, en femme de précaution, d'avoir deux cordes à son arc. Et puisque notre fille, puisque vous-même...

— Moi, je n'ai jamais pensé qu'il pût y avoir rien de commun entre Lucile Mathieu et M. le comte de Kernoë. Celui que j'aimais, celui que nous aimions, c'était le peintre Robert. Ah ! c'est un grand dommage ! Qui se fût attendu à cela ? Nous avions en vous une entière confiance, ajouta M. Mathieu, en s'adressant à l'artiste. Il eût été généreux à vous de nous avertir. On ne se joue pas ainsi de sentiments vrais, profonds, de la bonne foi d'un vieillard...

— Si cependant, monsieur le comte n'a pas changé d'intention, dit Mme Mathieu, je ne vois pas pourquoi il ne continuerait pas à nous honorer de ses bonnes visites.

— Dieu m'est témoin que mes intentions ne sauraient changer, répondit Robert d'un ton grave. J'aime Mlle Lucile, et je suis aujourd'hui ce que j'étais hier — prêt à tout tenter pour l'obtenir. Si vous connaissiez ma position, monsieur Mathieu, vous comprendriez mes hésitations, mon silence... et loin d'accuser ma franchise, vous rendriez justice au sentiment de discrétion qui retenait sur mes lèvres de pénibles aveux... J'ai ma vieille mère dont je dois respecter les principes, je vous l'ai dit, et sans fortune, vous pouviez croire qu'il y avait de ma part dans la recherche de mademoiselle votre fille d'odieux calculs d'intérêt...

— Non, non, je n'ai jamais pensé cela, mon ami, interrompit M. Mathieu avec chaleur. Je vous ai dit franchement, brutalement, mon opinion sur vous. Vous devez me connaître. J'apprécie la fortune à sa valeur; elle n'est rien pour moi dans la balance de la considération que j'accorde à un homme. N'en parlons pas, n'en parlons jamais. Je suis riche, cela suffit. Mon bien est à ma fille. Je ne demanderai à celui qui l'épousera, en retour de mes sacs d'écus, que de la rendre heureuse; et je m'estimerai très-heureux moi-même s'il y parvient. Telle est ma profession de foi!...

— M. de Sainte-Claire a raison, ajouta Mme Mathieu. La fortune, monsieur le comte, ne donne pas le bonheur. Nous ne cherchons pas un parti riche pour notre Lucile, mais un homme qui puisse lui faire une vie honorable et illustre.

— Ma mère, dit Lucile, quand vous avez bien voulu me consulter, je vous ai répondu que j'aimais M. Robert. — Je puis le dire devant lui, car je le lui ai dit à lui-même — et il n'était pour moi, à ce moment, qu'un artiste de talent.

— Et maintenant qu'il est comte, demanda Robert, ne l'aimez-vous plus, Lucile?

— J'aimerais mieux qu'il fût resté Robert l'artiste, répondit la jeune fille. Je l'aimais ainsi. Ce titre de comte m'effraie. J'y vois, je ne sais pourquoi, un obstacle élevé entre nous.

— Non, non, répondit Robert. Je resterai pour vous Robert l'artiste, jusqu'à ce que vous lui préfériez le comte de Kernoë.

— Eh bien, dit M. Mathieu avec bonhomie, il paraît que vous arrangez vos affaires sans moi, vous autres.

La joie était dans tous les regards, le sourire sur toutes les lèvres.

Le visage de Mme Mathieu exprimait l'orgueil satisfait, celui de M. Mathieu le bonheur vrai et profondément senti; des larmes délicieuses voilaient les yeux de Lucile.

— Parbleu? reprit M. Mathieu avec un gros rire, chargé de dissimuler son émotion. Ah! ah! mes chers enfants, vous voilà contents, n'est-ce pas? Eh bien! à vous deux, je suis sûr que vous n'êtes pas plus heureux que votre vieux bonhomme de père à lui tout seul!

Et il effaça du revers de sa main une larme tombée sur sa joue.

Puis il se mit à raconter à l'artiste l'événement qui les avait rapprochés.

— Je puis vous le dire maintenant que nous voilà d'accord, fit-il. Vous nous avez sauvés, mon ami, un matin du printemps dernier, en arrêtant sur la place de la Concorde nos chevaux qui avaient pris le mors aux dents.

Robert avait oublié cet événement ; il eut peine à se le rappeler.

— Ah ça ! mon ami, poursuivit M. Mathieu, j'espère bien que nous n'abandonnerons pas notre état. Vous avez un beau talent; c'est mon orgueil à moi ! Je veux que mon gendre, que mon fils gagne lui-même ses titres de noblesse, c'est-à-dire la gloire et la considération. Si je pensais que vous fussiez homme à briser vos pinceaux, à laisser votre étoile s'éteindre, cordieu ! je ne vous donnerais pas ma fille !

La conversation dura quelques moments encore dans les termes d'une intimité parfaite. On fit maints châteaux en Espagne, on édifia maints projets de bonheur sur les nuages de l'avenir...

Tout à coup la porte du cabinet s'ouvrit et le marquis de Brentano se montra.

— Eh bien? fit-il.

— Eh bien, tout va pour le mieux, répondit l'ex-négociant.

— M. le comte de Kernoë s'est ouvert à nous, ajouta Mme Mathieu. C'est un prétendant, monsieur le marquis, avec lequel vous ne rougirez pas d'entrer en rivalité auprès de notre fille.

En disant ces paroles, Mme Mathieu aurait eu peine à passer sous l'Arc de Triomphe, sans se baisser.

— Comment, madame de Sainte-Claire, dit à demi-voix le marquis, cédant à la tentation d'humilier cette vanité hautaine, vous qui avez tant d'esprit, ne voyez-vous pas qu'on se moque de vous ! Le comte ne peut être un prétendant sérieux. Jamais la comtesse de Kernoë ne donnera son consentement à une... mésalliance !

V

UNE MÉSALLIANCE

A quelques jours de là, Lucile se trouvait au Conservatoire avec la baronne de Charmeuil.

Il s'agissait d'une grande solennité musicale. Les privilégiés de la naissance et de la fortune s'y étaient donné rendez-vous. On y voyait les habitués des Italiens et du grand Opéra, les dilettanti, les maëstri, les célébrités du théâtre, les illustrations de la littérature, la fleur du faubourg Saint-Germain et du quartier de la Banque. L'assemblée était nombreuse et brillante.

Mais à peine le concert est-il commencé qu'un

bruit confus se fait entendre derrière nos deux amies. Une dame âgée est prise de faiblesse et s'évanouit sur son fauteuil. Pendant que les voisins de la dame s'empressent autour d'elle et s'efforcent de la rappeler au sentiment, Lucile envoie chercher ses domestiques qui l'attendent au dehors.

— Il faut reconduire cette pauvre dame chez elle, dit-elle à Ernestine. C'est la chaleur de cette salle qui l'a fait évanouir. Il faut l'emmener avant qu'elle ne soit prise d'une indisposition plus grave.

La dame paraissait en effet menacée d'une attaque de nerfs. Les voisins s'effrayaient. Lucile la fit enlever par ses domestiques et transporter dans sa voiture, où elle l'accompagna, suivie de la baronne.

Le grand air ranima la malade ; elle put dire où elle demeurait.

Vingt minutes plus tard, Lucile et l'étrangère causaient en tête à tête dans un salon de la rue de Grenelle.

— Cela va tout à fait mieux, disait la vieille dame. Ce n'était qu'un malaise causé par le bruit et la chaleur. J'ai eu tort d'aller à cette séance. De pareils divertissements ne conviennent plus à mon âge. Mais je comptais y rencontrer une de mes bonnes amies d'autrefois. Et j'y allais moins pour entendre la musique que dans l'espoir d'y retrouver un de mes doux souvenirs de jeunesse. Quand vos cheveux blanchiront, vous courrez, comme je le fais, après le passé, chère belle, vous que le présent enchante et qui souriez à l'avenir.

La malade était assise sur un grand fauteuil de cuir à oreillettes, et parlait d'un ton lent avec gravité.

— Le passé est notre exemple et notre guide, répondit Lucile doucement. On ne saurait marcher en avant, madame, sans regarder derrière soi.

— Ce que vous dites là, mon enfant, a l'air d'un paradoxe et cependant est juste. J'aime de semblables réflexions. Cela prouve de la maturité d'esprit. Jeune, on n'est que trop porté à se détourner des personnes âgées.

— Oh ! madame, fit Lucile avec effusion, n'est-ce pas parmi elles que se trouvent nos pères et nos mères ?

— Bien, très-bien. De la raison et du cœur.

Mais, quoique j'aie grand plaisir à causer avec vous, chère demoiselle, je ne voudrais pas abuser de votre bonté. Il m'est assez regrettable de vous avoir privée de cette fête. Peut-être êtes-vous attendue, comme votre amie ?

Ernestine s'était retirée pour aller rejoindre le baron de Charmeuil.

— Mon amie vous prie d'excuser son départ précipité, dit Lucile. Elle est mariée.

— Et vous ?

— Moi, madame ? Je suis libre.

— Libre ? Est-ce une épigramme contre le mariage ?

— Oh ! non, ne le croyez pas. Je sais que le mariage est pour une jeune fille la position la plus désirable, le seul avenir digne de ses vœux. Et, quand une union est fondée sur l'alliance des sentiments, ce n'est pas la servitude, c'est le bonheur !

— Fort bien, dit la vieille dame vivement intéressée. Mais, belle comme vous l'êtes, charmante d'esprit et noble de cœur, vous ne devez pas être embarrassée de trouver un mari ? Vous aimez, sans doute ?

Lucile baissa les yeux.

— Oui, vous aimez...

— Il est vrai, madame, j'aime, répondit la jeune fille. J'aime de toutes les forces que Dieu a mises en moi, et je n'ai pas à en rougir, car celui que j'aime est digne de tout amour et de tout dévouement.

— Pardonnez-moi, chère enfant, mais mon âge me donne le droit d'être indiscrète, et vous m'intéressez plus que je ne puis le dire. Je trouve à vous voir et à vous écouter un charme étrange. Et, quand je vous examine, il me semble que ce n'est pas la première fois que je vous vois. Vos traits ne me sont pas inconnus. Où nous sommes-nous rencontrées ? Je l'ignore.

— Avant aujourd'hui, je ne vous avais jamais vue, madame, répondit Lucile en considérant attentivement son interlocutrice. Du moins, je n'ai aucun souvenir...

— Votre amie m'a dit, dans la voiture, qu'elle se nommait la baronne de Charmeuil. De Charmeuil, répéta la vieille dame en réfléchissant, c'est un nom ancien, mais qui tombe, à ce qu'il paraît. N'importe ! je serais ingrate de l'oublier. Je vous ai entendue appeler par elle : Lucile. Lucile de quoi ? car je ne puis supposer que vous ne descendiez pas aussi d'une ancienne famille. La noblesse de votre nom doit répondre à celle de vos sentiments. — Moi, je suis la comtesse de Kernoë.

A ce nom, Lucile tressaillit. La soudaine explosion d'une arme à feu à bout portant ne l'eût pas stupéfiée davantage.

Elle se trouvait en présence de la mère de Robert !

— Qu'avez-vous ? reprit la comtesse étonnée de son silence et de sa pâleur. Ce nom vous est-il inconnu ?

— Non, non, madame... dit la jeune fille en cherchant à reprendre ses idées.

— Les Kernoë, poursuivit la noble dame en se levant avec fierté, sont du sang des anciens rois bretons ! Allez sur les plages de la Cornouaille, dans les forêts de la Vendée, — criez : Kernoë ! et vous verrez les soldats sortir de terre ! C'est un nom qui est grand parmi les plus grands. Le nom de votre maison, si haut qu'il soit, ne peut dépasser celui-là !

Lucile était toute confuse. En reconnaissant dans cette femme qui paraissait si fière de son titre et de l'illustration de sa race, la mère de Robert, elle eut un affreux serrement de cœur.

— Oh ! mes pressentiments ! se dit-elle désespérée et tremblante.

Un domestique entra.

— Madame la comtesse, dit-il, veut-elle recevoir M. et Mme de Sainte-Claire ?

Lucile, à cette annonce, trembla plus fort. Elle regarda autour de la chambre, éperdue, et comme cherchant une issue par où elle pourrait fuir.

— Souffrez, madame, que je me retire, dit-elle à la comtesse.

— Qu'avez-vous ? et pourquoi vous retirer, mon enfant ? Puisque vous n'êtes pas attendue, je vous fais ma prisonnière. Nous n'avons pas fini nos confidences. Cette visite d'inconnus ne peut être de longue durée. Passez dans ma bibliothèque, ajouta-t-elle en ouvrant une porte.

La jeune fille disparut.

— Informez-vous si mon fils est chez lui, et dites que je l'attends, reprit la comtesse en s'adressant au domestique. Appelez Chalus, puis vous ferez entrer.

Son visage s'était couvert d'une expression de

tristesse. Ses yeux rêveurs, la contraction de ses lèvres, révélaient l'amertume de ses pensées.

— Je finirai bien peut-être par triompher de cette honteuse faiblesse pour une occupation indigne, se dit-elle, le geste et la voix animés. O Robert! que de chagrins vous me causez! Deviez-vous me faire assister à la déchéance de notre nom? Fils dégénéré, ne pouviez-vous attendre que je fusse morte?

Chalus entra.

— Avez-vous débarrassé les chambres de là haut? demanda la comtesse d'un ton impérieux.

— L'atelier de M. le comte? répondit Chalus en s'inclinant. Pas encore, madame la comtesse, j'attendais les ordres de...

— Vous faut-il par hasard d'autres ordres que les miens?

— Pardon, Madame la comtesse, fit Chalus tout contristé; mais si vous saviez...

— Je sais que vous devez obéir quand j'ordonne! Allez! Enlevez les meubles et brûlez les chevalets. Je ne veux plus de peintre dans ma maison!

Il n'y avait pas à répliquer. Le vieux serviteur se retira la tête basse, en murmurant entre ses dents:

— Oh ! c'est impossible ! c'est impossible ! Brûler les chevalets, détruire l'atelier ; je n'en aurai jamais le courage...

— J'ai vécu trop longtemps ! Tout m'échappe ! se disait de son côté la comtesse avec affliction. Et pourtant Robert était un bon fils ; il se fût jeté dans les flammes plutôt que de me causer la moindre peine !...

L'entrée de M. et de Mme Mathieu introduits par un domestique, interrompit ses réflexions chagrines.

Mme Mathieu avait revêtu, en l'honneur de cette visite, ses plus brillants atours. Ce n'était sur elle que soie, or, dentelles, pierreries et marabouts. Grosse et courte, arrondie encore par l'ampleur et la multiplicité de ses vêtements, on l'eût prise pour un des merveilleux mannequins figurant naguère, avec tant d'orgueil, dans les montres de sa boutique.

M. Mathieu était vêtu de noir, cravate et gants blancs.

La baronne de Charmeuil s'était informée en se retirant du nom de la personne à qui elle avait eu le bonheur de rendre service, en compagnie de Lucile. En apprenant que cette personne était la comtesse de Kernoë, au lieu de retourner au Conservatoire, la baronne n'avait eu rien de plus pressé que d'aller avertir les époux Mathieu. Ils arrivaient, espérant trouver Lucile en tête à tête avec la comtesse. Sous le prétexte de venir chercher leur fille, ils s'étaient promis de faire la connaissance de la mère de Robert, et de sonder ses intentions, à propos desquelles le marquis de Brentano les avait sérieusement inquiétés.

Ils trouvaient la comtesse seule. Mme Mathieu pensa que peut-être la baronne avait été trompée. Néanmoins elle résolut d'éclaircir les soupçons que le marquis avait fait naître dans son esprit.

— Lucile n'est pas ici, dit-elle à voix basse à son mari. C'est égal. Puisque nous y sommes, il faut nous expliquer avec la comtesse.

Elle fit, à la noble dame, une révérence très-inclinée et très-respectueuse. La comtesse, répondant à peine à cette politesse d'avant-propos, droite, immobile dans sa haute stature, dardait son regard froid sur les humbles visiteurs.

D'un geste de la main elle les invita à prendre des siéges.

— Après vous, madame la comtesse, dit Mme Mathieu un peu troublée, en s'inclinant de nouveau.

Daignez nous faire le plaisir... de vous donner la peine de vous asseoir...

Cet étrange préambule étonna la fière dame.

— A qui ai-je l'honneur de parler? demanda-t-elle. Qui êtes-vous?

Elle interrogeait les deux époux du même coup d'œil.

— Je suis M. Mathieu, dit l'un.

— Mme de Sainte-Claire, répondit l'autre avec vivacité.

— Venez-vous pour la même cause?

— Oui, madame la comtesse, fit Mme Mathieu, coupant cette fois la parole à son mari. Nous venons pour une affaire de famille.

— Une affaire de famille? En quoi cela peut-il me toucher?

On s'assit: Mme Mathieu emplissant des richesses de sa tournure l'hémicycle d'un large fauteuil, M. Mathieu posé sur le bord d'une chaise comme l'oiseau sur la branche.

Un coup d'œil jeté autour du salon par Mme Mathieu lui donna confiance dans le résultat de sa démarche.

Ce salon était meublé avec une grande simplicité; le meuble, depuis longtemps passé de mode, avait perdu son éclat. Les dorures des tableaux et des glaces étaient ternies. Les peintures des dessus de portes n'avaient plus de fraîcheur. La hauteur du plafond, la couleur grise des cloisons, l'air vénérable des portraits ornant la muraille, et la vétusté même du mobilier, donnaient, il est vrai, à cette pièce, un caractère d'austérité aristocratique, mais qui échappait aux sens d'appréciation de Mme Mathieu, habituée à ne considérer que le luxe brillant.

Le matin même, elle s'était procuré le Nobiliaire de France, et y avait étudié la généalogie de celui qu'elle regardait déjà comme son futur gendre.

— Madame la comtesse de Kernoë, dit-elle avec un sourire caressant, votre blason porte trois croissants sur champ de gueules, ce qui veut dire que vos nobles ancêtres ont été en Palestine combattre les infidèles du temps des croisades. Sur la fasce d'azur, il y a trois étoiles et un château, au fronton duquel on lit : *Potius stellas,* ce qui veut dire qu'un Kernoë s'est adonné aux études astronomiques...

La comtesse regarda la visiteuse d'un air surpris.

— Vous êtes dans l'erreur, madame, dit-elle froidement. Cette pièce de notre écu a été composée par Jean Geoffroy de Kernoë, et la légende signifie qu'on prendrait plutôt les étoiles que son château... Mais pourquoi ces souvenirs ?

— Veuillez me pardonner, madame la comtesse, mais le Nobiliaire de France, où sont racontés les hauts faits de vos ancêtres, donne les deux versions. J'ai lu, en effet...

— Pourrais-je savoir le motif de votre visite, madame ? interrompit la mère de Robert.

— Le motif est bien simple, madame la comtesse. Vous avez un fils qui participe de toutes les vertus exprimées sur votre blason. Le comte Robert de Kernoë est un véritable chevalier français... et... ses ancêtres auraient été fiers, je suis sûre, de son joli talent d'artiste. Il travaille d'une manière admirable.

— Vous vous trompez, Madame, dit la comtesse sèchement. Les Kernoë ne savaient travailler que de l'épée. Mais vous ne me dites pas à quoi je dois l'honneur de votre visite ?...

M. Mathieu ouvrait la bouche à chaque question pour répondre à la comtesse, et toujours sa femme lui coupait la parole. Il voyait la mère de Robert s'agiter sur son fauteuil, en proie aux piqûres de l'impatience.

— Monsieur votre fils Robert, dit-il en interrompant Mme Mathieu, aime notre fille Lucile. Voilà.

La comtesse tourna les yeux sur l'ex-négociant. Elle paraissait n'avoir pas compris.

— Que voulez-vous dire? Mon fils aime votre fille, à vous, monsieur?

— A nous deux, madame la comtesse, répondit l'honnête M. Mathieu.

— Comment cela? Qu'êtes-vous à madame?

— Je suis son mari, M. Mathieu, ancien marchand de soie.

— Mathieu de Sainte-Claire, ancien président du tribunal de commerce, dit vivement Mme Mathieu, humiliée dans son orgueil conjugal, de la franchise et de la simplicité du bonhomme.

La comtesse regarda tour à tour les deux époux, comme doutant qu'ils eussent leur bon sens.

— Et vous dites? demanda-t-elle.

— Que M. Robert, votre fils, aime notre fille Lucile , répéta catégoriquement M. Mathieu.

— Ce serait un mariage d'inclination, ajouta Mme Mathieu en minaudant, car notre fille aime, de son côté, M. le comte votre fils. Deux beaux jeunes gens faits pour être heureux ensemble !... Quant aux clauses du contrat de mariage, elles seront au gré de madame la comtesse. Une pareille alliance est pour notre maison un grand honneur que nous ne saurions trop reconnaître.

— M. Robert est un artiste de talent, dit M. Mathieu, comme pour protester contre la vaniteuse humilité de sa femme ; quand il n'eût possédé que ses pinceaux, je lui aurais donné ma fille, bien volontiers.

— Moi, je trouve qu'il n'est rien de plus beau qu'un titre de noblesse, dit Mme Mathieu, en regardant la comtesse avec conviction.

— Les plus beaux titres de noblesse, dit M. Mathieu, sont, à mon avis, l'élévation de l'intelligence et la générosité du cœur.

La comtesse réfléchissait soucieusement à la conduite de son fils, conduite qu'elle ne pouvait s'expliquer et qui lui paraissait monstrueuse. Les époux Mathieu continuèrent d'émettre, comme des plaideurs, devant un juge, leurs opinions contradictoires. Le silence qui suivit éveilla, en quelque sorte, la mère de Robert de ses rêveries inquiètes.

— M. Mathieu, dit-elle en se redressant sur son fauteuil avec une dignité froide, le comte mon fils ne peut pas aimer mademoiselle votre fille. Il y a erreur. Le comte est un Kernoë, le dernier de sa race. Il sait ce qu'il doit au souvenir de ses ancêtres; il sait que le sang des Kernoë ne se mésallie pas!

Cette réponse articulée posément, clairement, produisit, sur les époux Mathieu, l'effet d'une douche d'eau à la glace.

— Madame la comtesse, dit Mme Mathieu, en cherchant à reprendre ses idées, notre fille n'est pas d'un sang noble, c'est vrai, mais celui qu'elle tient de nous...

— C'est du sang d'honnêtes gens, je puis le dire, interrompit M. Mathieu.

— Oui, sans doute, poursuivit Mme Mathieu, dont la voix, si câline et si douce, tournait à l'aigre. Et si madame la comtesse nous trouve de trop petites gens pour épouser M. son fils, nous découvrirons bien un autre mari. Il n'en manque pas, Dieu merci ! J'en sais plus d'un qui serait content d'avoir une belle fille et une belle dot, et très-noble encore.

La digne femme redressait la tête, à la manière des reptiles dont on écrase la queue, et faisait entendre sa protestation vipérine.

M. Mathieu lui imposa silence.

— Tais-toi, ma femme, dit-il. Madame la comtesse est libre, nous devons respecter sa volonté.

La comtesse s'était levée. M. Mathieu la salua avec les marques d'un grand respect, tandis que Mme Mathieu s'inclinait de l'air d'une esclave révoltée.

Les deux époux se dirigèrent du côté de la porte. Au moment où ils allaient sortir, Robert entra. Ils s'arrêtèrent.

L'artiste, à leur aspect, tressaillit ; il regarda la comtesse et put lire sur son visage la réponse qu'elle avait faite aux visiteurs, et sur le visage de ceux-ci le mécontentement causé par cette réponse.

— Vous m'avez fait demander, ma mère ? dit-il.

— On me fait ici d'étranges rapports, Monsieur, répondit la comtesse. Je ne puis admettre que vous ayez voulu tromper ces bonnes gens ; d'un autre côté, il me paraît impossible que vous songiez à manquer au respect dû au sang des Kernoë.

Tous les yeux étaient attachés au visage de l'artiste.

— Non, ma mère, répondit Robert avec fermeté, je n'ai pas voulu tromper M. Mathieu, et je sais le respect dû au nom que je porte, c'est pour cela que je viens vous prier d'agréer...

— Vous attendrez, je l'espère, Monsieur, que je sois morte pour accomplir ce mariage, interrompit la comtesse avec véhémence. Déjà vous paraissez renoncer au nom de vos ancêtres. Le jour où il vous plaira d'altérer un sang qui vous a été transmis pur de taches, ce jour-là vous n'aurez plus de mère !

A ces paroles, elle fit un mouvement comme pour sortir, mais la porte de la bibliothèque s'ouvrit.

Lucile entra.

— Madame, dit-elle en s'adressant à la fière comtesse, vous me demandiez tout à l'heure mon nom : je m'appelle Lucile Mathieu ! Vous désiriez savoir quel était celui que j'aime : il se nomme Robert de Kernoë !

Et, prenant une fleur dans un vase, elle ajouta :

— Je vous prie de me donner cette fleur, en récompense du léger service que je vous ai rendu ; car je ne veux pas que vous vous croyiez liée à moi par la reconnaissance.

A ces mots, elle alla se placer près de son père.

— Lucile Mathieu ? murmura la comtesse frappée de surprise. Voilà qui est singulier ! — Votre conduite est bien coupable, Monsieur, poursuivit-elle avec tristesse, en s'adressant à Robert.

Elle se retira.

— Monsieur aurait bien dû nous épargner cet affront ! dit Mme Mathieu à l'artiste pétrifié de chagrin.

— Mon ami, croyez que cet incident fâcheux n'altère en rien mes sentiments pour vous, dit le bon M. Mathieu.

Il serra en même temps la main de Robert et sortit du salon, précédé de sa femme et de sa fille.

VI

LE MARQUIS DE BRENTANO

Mme Mathieu devait pardonner difficilement l'accueil fait à ses joyaux, à son cachemire et à ses dentelles. Rentrée chez elle et débarrassée de sa parure, elle n'avait pas encore recouvré le calme.

— Voyez donc, disait-elle à son mari, quel orgueil ! Une comtesse qui n'a seulement pas un tapis convenable dans son salon. Sur ma parole, nos servantes sont mieux meublées et mieux vêtues !

— Cela peut être vrai, répondit M. Mathieu. Aussi, n'est-ce pas sa toilette ni son mobilier dont elle est fière. Et m'est avis que, dans sa position, vous ne seriez pas beaucoup plus modeste qu'elle, madame de Sainte-Claire, ajouta le bonhomme en souriant malicieusement.

— C'est cela, prenez son parti ! Du reste, qu'elle marie son fils comme elle l'entendra. Le marquis de Brentano le vaut bien peut-être ; et il ne nous fera pas d'affronts, lui !

— M. Robert ne nous a pas fait d'affronts, mon amie, répondit M. Mathieu gravement. C'est un homme de cœur. Il souffre plus que nous des idées exclusives de sa mère, car il aime sincèrement Lucile.

— Le marquis aime aussi notre fille ; c'est un caractère sérieux, positif, dans lequel on doit avoir pleine confiance. Si Lucile ne l'aime pas encore, elle l'aimera, quand elle le connaîtra mieux.

— Elle ne l'aimera pas ; elle ne l'aimera jamais.

Néanmoins à la suite de cette entrevue des époux Mathieu et de la mère de Robert, le marquis de Brentano fut reçu chez l'ex-négociant, avec plus d'empressement et de prévenances qu'auparavant. Mme Mathieu l'acceptait définitivement comme le futur de Lucile. M. Mathieu paraissait acquiescer à ce choix par son silence. Quant à la jeune fille, retirée dans son appartement, se tenant isolée, elle se bornait à répondre qu'elle ne désirait pas se marier.

Le marquis s'inclinait devant cette réponse.

Il venait voir Mme Mathieu, lui faisait changer la décoration de son hôtel, ou lui racontait ses aventures transatlantiques. Il était Français, mais il avait quitté la France de bonne heure, et était passé en Amérique où plus tard son père, possesseur d'une fortune recueillie sur le continent, était allé le retrouver. Depuis, il avait parcouru le monde. Il racontait bien. Ses récits, où il se représentait souvent environné de dangers, intéressaient beaucoup Mme Mathieu, et lui donnaient une haute idée du courage, de l'adresse et de la fécondité de ressources de son futur gendre. Elle continuait de plaider sa cause auprès de Lucile dont elle espérait vaincre l'indifférence à force d'obsessions.

De son côté, Robert n'était pas plus heureux. Il avait à se défendre contre les préventions et l'irritation de la comtesse.

Elle avait ordonné à Chalus d'enlever les meubles de l'atelier et de brûler les chevalets de l'artiste. Le vieillard reculait devant une pareille tâche.

Il fit part à Robert des ordres de sa mère et de la répugnance qu'il éprouvait à les exécuter.

La comtesse, entrée pendant ces explications, s'emporta et se plaignit avec amertume de n'être point écoutée.

— Madame, répondit le pauvre Chalus tout ému, vous savez combien je vous suis attaché. Il y a quarante ans que je fais partie de votre maison. Eh bien, au nom de mes longs services, au nom de mon attachement pour vous et pour M. le comte que j'ai vu naître, et dont je connais le cœur, ne m'obligez pas, je vous en supplie, à ce sacrilége !

— Sacrilége ! — m'obéir ?

— Non, madame, mais brûler ces chevalets, détruire ces toiles où se produisent tant de chefs-d'œuvre.

— Allez !

— Plutôt vous dire tout ! répliqua Chalus avec résolution. Il y a trop longtemps que M. le comte souffre en silence. Vous aurez le courage de m'entendre. Je ne puis détruire l'atelier...

— Obéissez aux ordres de ma mère, Chalus, interrompit l'artiste.

Le vieux serviteur regarda Robert avec hésitation et chagrin, puis, sur un signe impératif, il sortit.

— Voyez, Monsieur, ce que produit votre exemple, dit la comtesse restée seule avec son fils. Voyez comme l'esprit de révolte se gagne, Chalus...

— Je lui ai dit de vous obéir...

— Je vous remercie de lui avoir donné cette permission. Vraiment, je suis une mère bien heureuse et une maîtresse de maison bien respectée!

— Vous complaire est cependant mon seul désir.

— Certes! et vous vous y prenez comme il faut pour cela. Qui se fût jamais douté que l'héritier des comtes de Kernoë songerait à épouser...

— Ce mariage vous blesse, ma mère? N'en parlons plus, j'y renonce.

— Que me disait donc cette femme? fit la comtesse avec surprise, que vous aimiez sa fille? Serait-ce une séduction?

— Ne le croyez pas. J'aime Lucile autant que je puis aimer.

— Et vous renoncez aussi facilement à l'épouser. Vous n'aimez pas!

Robert regarda sa mère d'un air découragé.

— Que dois-je donc dire ou faire pour vous contenter? demanda-t-il tristement. Vous ordonnez à Chalus de brûler mes chevalets, de détruire mes travaux. Chalus hésite, car il sait que l'étude est mon bonheur, que ces travaux sont ma vie. Je lui dis d'obéir. Et vous voyez là une usurpation de vos droits. J'aime une jeune fille pure, sage, douce, charmante, noble de cœur, autant que distinguée d'esprit. Je veux l'épouser. Ce mariage vous déplaît. J'y renonce. Et vous soupçonnez une séduction. Et vous dites que je n'aimais pas.

— Fort bien ! Accusez-moi d'injustice et de dureté.

— Non, ma mère. Je sais que vous m'aimez, et, si je souffre, c'est de vous voir souffrir. Je tâche pourtant bien de vous rendre heureuse !

— Oui, vous avez bon cœur, je le sais, dit la comtesse d'un ton plus doux. Ce n'est pas votre cœur que j'accuse. Mais comment ne pas s'effrayer en vous voyant vous égarer comme vous le faites? Cette jeune fille est certainement intéressante, et... mais c'est à moi de m'en occuper. Je m'en occuperai. Vous, Robert, vous ne vous appartenez pas : vous appartenez à votre race. Vous devez songer à la continuer. Il ne faut pas laisser s'éteindre le nom des Kernoë. Je vous l'ai dit : j'ai demandé pour vous la main de Philiberte de Karnac. C'est du sang noble, celui-là !

— Ma mère, interrompit Robert, je renonce à me marier pour me consacrer tout à vous. De grâce, laissez-moi le prix de mon sacrifice !...

— Il aime cette enfant, se dit la comtesse, frappée du sentiment profond dont témoignaient les paroles de l'artiste. Quoi d'étonnant ? N'est-elle pas charmante ? De l'esprit, du cœur. C'est à n'y rien comprendre. Moi-même, n'ai-je pas été trompée ?

Le lendemain, pendant que sous le coup de l'entretien de la veille, elle songeait à l'établissement de son fils, un domestique vint lui annoncer la visite du marquis de Brentano.

Elle ordonna de l'introduire au salon, et y passa elle-même.

Le marquis était sérieux et flegmatique, suivant son habitude. Il enveloppa la comtesse de son regard d'orfraie, la salua cérémonieusement, et, sur son invitation, s'établit dans un fauteuil.

— Madame la comtesse, dit-il, je vous prie de voir en moi un ami de votre maison. Je reviens dans une intention toute pacifique et bienveillante. Nous avons un même intérêt. Déjà nous avons opéré dans un même sens...

— Expliquez-vous, Monsieur, dit froidement la comtesse, car je suis peu disposée à deviner les énigmes.

— Il ne s'agit pas d'énigmes, Madame, répondit Brentano d'un ton cassant. Il s'agit de l'honneur des Kernoë.

A cette réponse, la comtesse se redressa sur son siége. Une légère pâleur lui couvrit le visage.

— L'honneur des Kernoë est hors d'atteinte, dit-elle avec hauteur. Bien téméraire serait celui qui y porterait la main !

— Hélas ! Madame, nous vivons dans un siècle de profanation ! Vous avez vu combien mes premiers soupçons étaient fondés ? Eh bien...

— Parlez, Monsieur.

— C'est ce que je fais, Madame. J'ai l'honneur de vous dire que nous vivons dans un siècle de profanation. Le positivisme a tout envahi. L'honneur n'est plus considéré que comme un bien stérile. Et comment en serait-il autrement, lorsque ceux qui devraient marcher à la tête du pays et se tenir comme les lions et les aigles dans un isolement respecté, descendent de la position où les ont élevés leurs ancêtres pour se mêler à la foule, en adopter les habitudes, en imiter les travaux, et y chercher leurs amours ?

Ces paroles faisaient une allusion trop manifeste à la conduite de Robert pour que la comtesse y fût indifférente.

— Vous avez raison, Monsieur, dit-elle ; les fils ne sont pas ce qu'étaient leurs pères.

— C'est aussi mon avis, répondit le marquis flegmatiquement. Ainsi, il fallait naître dans ce siècle pour voir un Kernoë prendre le métier d'artiste et rechercher la fille d'un négociant enrichi.

La comtesse, à cette observation, sentit le rouge lui monter à la figure.

— Le mariage ne se fera pas, dit-elle.

— Fort bien. Je venais m'entendre avec vous à ce sujet.

— Vous entendre avec moi, Monsieur ? A quel titre, je vous prie ?

— Permettez, Madame. Ne nous égarons pas dans les questions oiseuses. Mon titre, c'est l'intérêt de ma fortune, comme le vôtre est l'intérêt de votre dignité. Nous voulons tous les deux empêcher le mariage. Voilà le fait. Qu'importent nos raisons personnelles ?

— Le mariage ne se fera pas, vous dis-je. Mon fils y a renoncé.

— Il y a si peu renoncé qu'il refuse d'épouser ailleurs.

La comtesse comprit la valeur de l'argument.

— Je n'ai pas à vous répondre, Monsieur, dit-elle. Je ne sais pas ce que vous voulez.

— Je veux, Madame la comtesse, me débarrasser de votre fils qui s'est mis en travers de mes projets. Voilà tout.

— Mon fils ?...

— Oui, Madame la comtesse, votre fils. Il me gêne. Son créancier, je pourrais m'en débarrasser en le poursuivant devant les tribunaux.

— Vous, Monsieur ? créancier de mon fils ?... Le comte ferait-il des dettes ?

— Hélas ! Madame... permettez-moi de vous dire que je l'ignore. Mais j'ai trouvé dans la succession d'un parent une obligation signée par M. Robert de Kernoë. La voici, continua le marquis en tirant de son portefeuille un écrit qu'il exposa sous les yeux de la vieille dame. Il s'agit d'une somme de trente mille francs environ dont j'aurais pu, dis-je, exiger le paiement... J'ai préféré en apporter la quittance à Madame la comtesse.

Il présenta la quittance en question.

— Que signifie?... dit la mère de Robert en prenant le papier.

— Madame la comtesse me ferait-elle l'honneur de l'accepter?

— Monsieur... je ne comprends pas.

— Il me suffirait qu'elle voulût bien s'engager à marier son fils dans un bref délai — à Mlle Philiberte de Karnac, par exemple. — Marié, Monsieur le comte ne me gênerait plus.

Cette fois la comtesse comprit. Elle se redressa frémissante de colère, déchira la quittance et en jeta les morceaux à ses pieds. Puis elle montra de la main la porte au marquis :

— Sortez, Monsieur ! dit-elle d'une voix fière et indignée.

A cet ordre, le marquis perdit contenance, et parut se troubler. Mais se roidissant, il dit d'un ton glacé :

— J'ai bien l'honneur de saluer Madame la comtesse.

Il s'inclina, et, sans ajouter un mot, il se retira d'un pas solennel.

VII

LA MÈRE ET LE FILS

Il y avait, dans le dévouement que Robert témoignait à la comtesse, un attrait plus doux et plus tendre que ne l'est d'ordinaire l'amour filial. Ayant toujours vécu dans son intimité, élevé par elle, depuis qu'avec l'âge était venue la ruine, il lui avait rendu le culte de l'enfant et voué la protection du fort.

Son cœur se fondait de pitié à la pensée de l'état affreux où elle serait tombée, s'il n'eût été là. Et comme elle avait pu se demander autrefois : « Que deviendrait mon enfant, si je mourais? » Il pouvait se dire : « Que serait devenue ma mère, si j'eusse été mort?... »

Les rudoiements et les reproches n'altéraient en rien la pureté sereine de ce dévouement. L'artiste comprenait et respectait les préjugés de la comtesse. S'il y contrevenait, en ne brisant pas ses pinceaux, par exemple, c'est que ses pinceaux étaient des instruments de travail, et qu'il en était réduit à chercher dans le travail le bien-être dont il environnait sa mère. Il savait d'ailleurs que, sous les reproches et les dures paroles de la noble femme, il y avait un amour égal à celui qu'il ressentait pour elle.

Un matin, Chalus lui annonça que la comtesse désirait voir Lucile et l'avait envoyé chercher. Et comme Robert se réjouissait à cette nouvelle, le vieux serviteur ajouta :

— Vous avez raison de vous réjouir. Ce sera autant de pris sur l'ennemi.

— Ah! il y a un ennemi? demanda l'artiste inquiet.

— Oui, il y a un revers à la médaille. Je vous ai dit que cette jeune fille avait prodigué les plus grands soins à Mme la comtesse sans la connaître, qu'elle l'avait ramenée ici dans sa voiture, se privant du plaisir d'entendre le concert...

— Un cœur d'ange! fit Robert.

— Madame la comtesse veut, je crois, lui témoigner sa reconnaissance, ce qu'elle n'a pu faire encore.

— Très-bien! qu'elle la voie! qu'elle la connaisse! je n'en demande pas davantage. On ne peut la voir sans l'admirer, la connaître sans l'aimer. D'autres naissent avec la noblesse du nom; elle est née, elle, avec la noblesse de l'âme. Oh! j'ai pleine confiance dans l'effet que produira sa vue, dans la puissance magique de sa parole. Ma mère tombera sous le charme, mon ami, et ne s'opposera plus à mon bonheur.

— Le divin prisme que l'amour! fit Chalus en hochant soucieusement la tête.

— Maintenant, reprit l'artiste, au revers de la médaille. Dis-moi quel danger nous menace. L'ennemi, — le marquis sans doute, — que prétend-il?

— Vous faire mettre en prison, rien que cela.

— C'est un fou!

— Oui, mais un fou dangereux.

— Qui te fait peur!

— J'ai toujours eu peur de ce marquis comme d'un serpent. C'est instinctif.

— Enfin, quel est son moyen?

— Infernal! Il a acheté certaines créances que vous avez souscrites pour couvrir les infidélités de l'intendant Gessac.

— Ah! Eh bien? fit Robert atterré.

— Eh bien, il s'est mis en tête d'en poursuivre le recouvrement, et comme il se trouve parmi ces créances des lettres de change exigibles...

— C'est vrai! Maudit homme! ce n'est pas assez d'avoir à vaincre les résistances de la comtesse, il faut encore... Ecoute, Chalus, ma mère ignore la triste situation de nos affaires. Elle croit que Gessac a remboursé les sommes qu'il avait emportées. Ne détruisons pas ses illusions. Qu'elle demeure en paix. L'orage tombera sur moi. Faisons en sorte qu'elle ne sache rien de ce nouveau contre-temps; sacrifions tout à son repos. J'espère, du reste, obtenir du marquis... Non... il sera intraitable...

— A moins que vous ne renonciez à mademoiselle Lucile, dit Chalus.

Et, lui remettant un paquet de papier timbré, il ajouta :

— Que monsieur le comte, m'a-t-il fait dire, rompe violemment avec la famille Mathieu, et quittance lui sera donnée.

— L'infâme ! s'écria Robert indigné. Une pareille proposition... Cet homme n'a pas de cœur !

— Je le crois.

— Il faut nous attendre à une guerre à outrance.

— Ah ! si vous n'aviez pas été si généreux, vous auriez pu l'attraper, fit observer Chalus.

— Comment cela ?

— En le payant.

— Sans doute. Mais j'aurais laissé mourir de besoin des amis, de pauvres gens comptant sur moi.

— Cependant, vous voilà...

— Très-embarrassé; tu as raison. Embarrassé surtout à cause de ma mère. Elle est d'une santé délicate et d'une sensibilité si grande ! Nous lui avons caché jusqu'ici que nous étions ruinés; nous sauverons tout, si nous parvenons à serrer le bandeau sur ses yeux. C'est à quoi nous devons nous appliquer. J'ai loué, dans l'hôtel voisin, un atelier charmant : un peu haut; huit étages. Tu y transporteras mes chevalets, je pourrai reprendre mes travaux. J'ai du reste reçu de bonnes nouvelles de la direction des Beaux-Arts. Tout ira bien. Mais fais bonne garde autour de la comtesse.

— Peut-être devriez-vous, au contraire, lui confier ce qui est arrivé.

— Jamais !

— Elle est faible de santé, mais elle a une âme forte.

— Jamais, te dis-je. A son âge — oh! tu me fais frémir!... ce serait la tuer. Elle qui a toujours vécu fièrement, sans souci du côté de la fortune, lui révéler qu'elle n'a plus rien, que l'aisance dont elle jouit n'est que mensonge, que nous n'avons pas d'autres ressources que le travail pour la soutenir au-dessus de la misère... non, non, ce serait la tuer! Veille, mon ami. Nous avons déjà essuyé bien des traverses, et nous en sommes sortis à notre honneur. Dieu aidant, il en sera de même cette fois.

Malheureusement pour les projets de Robert, le marquis avait eu l'abominable précaution d'envoyer à la comtesse une copie des créances dont il réclamait le remboursement.

Un orage foudroyant se trouvait suspendu sur la tête de l'artiste.

La comtesse entra, pâle, grave, indignée.

— Laissez-nous, Chalus, dit-elle au vieux serviteur.

Puis, montrant à Robert les papiers qu'elle avait reçus.

— Que veut dire ceci, Monsieur? poursuivit-elle. Que signifient ces réclamations? Est-il vrai que vous ayez contracté ces dettes à mon insu?

— Oh! le misérable! murmura Robert, à la vue des papiers.

— Expliquez-vous, Monsieur?

— Ce sont là des affaires dont vous n'avez pas à vous préoccuper, ma mère, répondit-il avec embarras. N'en prenez, de grâce, aucun souci.

— On menace de traîner le nom des Kernoë devant les tribunaux, dit la comtesse d'une voix lente et grave, et je n'en dois pas prendre souci? A qui dites-vous cela? et quelle opinion avez-vous de moi? Le scandale public, la crainte d'une condamnation, rien ne vous émeut, à ce qu'il paraît?

— Ma mère, les choses n'iront pas là.

— Voilà votre espoir! Mais vous n'aviez pas prévu ce qui arrive. Un homme s'est rencontré qui, ne reculant devant aucun moyen pour se débarrasser d'un rival, a acheté de vos créanciers le droit de flétrir votre nom et de disposer de votre liberté. Cet homme, vous le connaissez. C'est le marquis de Brentano. Je l'ai vu; il est venu chez moi. Je ne comprenais pas ses menaces. C'est lui qui vous fait assigner! Aurez-vous le triste courage d'implorer sa pitié?

— Non, ma mère. Aussi bien je sais que j'y perdrais mon temps.

— Robert, reprit la comtesse avec chagrin, combien vous m'avez trompée! Que d'espérances je fondais sur votre avenir! Et chaque jour emporte une de mes illusions!...

— Croyez...

— Pourtant... ai-je jamais failli à mes devoirs de mère? Frêle créature à peine née, condamnée à mourir, que de nuits j'ai passées près de votre berceau, à genoux, les yeux pleins de larmes, adressant mes prières au ciel, car, abandonnée de tous, je n'attendais plus de secours que de Dieu...

— Je le sais, ma mère.

— Et plus tard, mes soins vous ont-il manqué? Enfant, vous étiez ma joie! Craignant de vous confier à des mains étrangères, je me fis le compagnon de vos plaisirs, n'ayant qu'une pensée, celle de vous rattacher à l'existence, par le bonheur! Et cependant les temps étaient sévères. La guerre, une guerre sans pitié, désolait nos campagnes. Un jour le canon détruisit les murailles d'un bâtiment où vous étiez enfermé...

— Et vous vîntes m'arracher à la mort. Vous êtes trois fois ma mère. Je ne l'ai pas oublié.

— Plus tard encore, quand devenu, en grandissant, l'espoir d'une illustre famille, il s'est agi de former votre intelligence aux inspirations généreuses, d'instruire votre cœur aux nobles sentiments...

— Vous m'avez ouvert les richesses de votre esprit, les trésors de votre âme. Dieu sait quels doux souvenirs m'ont laissés vos leçons!

La comtesse tressaillit et regarda fixement Robert.

— Est-ce une raillerie? dit-elle d'un ton blessé,... ou vous aurais-je appris par hasard, à répudier le nom et la conduite de vos ancêtres? à vous laisser prendre à des amours vulgaires? à contracter de folles dettes, sans souci de votre fortune compromise, sans crainte pour votre honneur engagé?

— De grâce...

— J'avais confiance en vous, Monsieur. Je pensais qu'un Kernoë ne pouvait pas faillir aux lois de la probité...

— Ma mère ! dit l'artiste, en frémissant.

— Vous osez, je crois, redresser la tête ? continua froidement la comtesse. Est-il probe de souscrire à des engagements que l'on ne peut remplir ? Allez ! c'est une honte ! Devant vos ancêtres qui nous écoutent et qui vous jugent, poursuivit-elle, en montrant les portraits appendus aux murailles du salon, je vous le dis, Monsieur, vous avez tenu la conduite d'un homme déloyal ! Vous avez forfait à la probité !...

— Non, non, ma mère ! s'écria l'artiste éperdu. Oh ! pardon, pardon, continua-t-il dans un désordre extrême. Grand Dieu ! ayez pitié ! Ne dites pas, ne croyez pas que je sois un infâme !

— Je ne vous parle plus au nom de votre honneur de gentilhomme, reprit la comtesse toujours calme et froide. Il semble que vous vous reconnaissiez depuis longtemps indigne du titre et du rang...

Robert ne se possédait plus.

— Ma mère ! s'écria-t-il hors de lui... O ciel ! ne voyez-vous pas que je suis à bout de forces, que je souffre plus qu'il n'est donné à un homme de souffrir, que la patience est sur le point de m'échapper?

— Des menaces !

— Oh ! vous regretterez vos paroles, fit l'artiste avec douleur.

Il y eut un moment de silence. La comtesse était pâle comme une morte. Le regard flamboyant, les lèvres agitées d'un tremblement convulsif, elle considérait Robert au visage.

— Après le départ de l'intendant Gessac, reprit-elle avec lenteur, je vous ai confié, Monsieur, l'administration de mes biens.

— Vos biens ! dit l'artiste effrayé.

— Vous allez me rendre compte sur-le-champ de votre gestion.

— Oh ! quelle torture, mon Dieu ! murmura le malheureux Robert.

— Votre feinte douleur signifie que vous avez dissipé mon revenu comme le vôtre, dit la comtesse impassible. N'attendez pas de reproches ! Rien ne m'étonne plus de votre part. Allez, néanmoins, me chercher mes titres de propriété... Vous avez perdu votre nom, entaché votre honneur, fait rougir votre mère, les liens qui nous unissaient sont brisés.

Allez ! et pour adieu il ne me restera plus qu'à vous donner ma malédict...

— Grâce ! interrompit Robert en tombant anéanti sur un siége...

Chalus était rentré. Il se jeta tout éploré au devant de la comtesse :

— Madame, s'écria-t-il, ah ! j'étouffe... Ecoutez-moi !... Votre fils... M. le comte...

— Vous suivrez votre maître, Chalus, dit froidement la comtesse. Je ne vous retiendrai pas. Monsieur, je vous attends, ajouta-t-elle en s'adressant à l'artiste.

Elle sortit du salon.

— Oh ! vous m'écouterez, Madame, dit le vieux serviteur, en se précipitant sur ses pas.

— Quelle épreuve ! se dit Robert, demeuré seul. Comment y ai-je résisté? Je suis brisé... Sa fortune?... Rien ! Pauvre mère ! Pouvais-je lui dire : C'est vous... C'est votre imprudente confiance dans un fripon d'intendant, la cause de votre ruine et de la mienne !... Entraîné dans l'abîme par vous et avec vous, j'ai tout tenté pour nous en tirer honorablement, et sans ce traître de marquis... Oh ! refoulons notre douleur; nous n'avons pas le temps de nous plaindre. Comment le payer?....

Le malheureux sentait le sol crouler sous lui. Les créanciers auxquels il avait eu affaire jusqu'alors, confiants en sa probité, et comptant d'ailleurs les intérêts de leurs créances au jour le jour, ne faisaient aucune difficulté de lui accorder les délais qu'il demandait. De grands travaux pour l'exposition, l'exécution de commandes faites par la direction des Beaux-Arts, avaient momentanément tari ses ressources.

Le marquis devait le poursuivre sans pitié. C'était pour le mettre dans l'embarras, pour lui faire affront, pour le vilipender publiquement, et, s'il était possible, le perdre d'honneur qu'il avait acquis les créances. Il espérait obtenir contre lui un jugement de contrainte, dont il userait dans toute la rigueur du droit. Se débarrasser ainsi d'un rival lui paraissait de bonne guerre.

— La déconsidération tue l'amour aussi bien que le ridicule ou la petite vérole, avait-il dit à Mme Mathieu. Notre chevaleresque Héloïse n'ira certainement pas réclamer son Saint-Preux à Clichy. Vous êtes pour moi ; quant à M. Mathieu, il craindra, à n'en pas douter, de déshonorer le souvenir de sa toge consulaire en prenant pour gendre un homme flétri par une condamnation.

Robert se trouvait en effet dans un cruel embarras. Il ne savait comment parer au danger qui le menaçait.

Le front dans ses mains, accablé de dégoûts et rongé de soucis, il cherchait une issue au cercle de malheur qui l'environnait, quand il entendit, tout à coup, la voix de M. Mathieu, partant de l'antichambre.

Le bonhomme entra, le visage radieux, le regard enflammé, bruyant comme un ouragan de joie. Il tenait un journal à la main.

— Seul? dit-il. Très-bien! Je reviens, mon ami, de votre atelier où je pensais vous trouver. J'ai à vous parler. Et d'abord, convenons que la scène de l'autre jour ne saurait altérer nos bonnes relations. Il n'y a pas eu de votre faute ni de la mienne. C'est un malheur commun sous lequel nous devons courber la tête, mais sans lui reconnaître le droit de détruire notre amitié. Je serais au désespoir s'il en devait être autrement.

— Croyez, monsieur Mathieu, répondit l'artiste

en se remettant à ces chaleureuses paroles, croyez que j'ai souffert et que je souffre...

— Oui, oui, oublions ce malheur. N'y pouvant rien, qu'il n'en soit plus question. Je vous connaissais, j'ai appris à vous connaître davantage, c'est pour cela que...

Et déployant le journal qu'il avait à la main, il ajouta :

— Prêtez-moi donc vos lunettes. J'ai perdu les miennes.

— Mes lunettes? demanda Robert étonné.

— Je deviens fou! J'oublie que vous avez encore vos yeux de vingt ans. Lisez-moi cela.

Il lui remit en même temps le journal, et lui montra du doigt l'article qu'il fallait lire.

— Qu'est-ce que c'est?

— Lisez là, là.

L'artiste lut alors ce qui suit :

« Un de nos peintres de mérite vient d'être appelé à répondre devant les tribunaux... »

— Infamie! ce n'est pas cela, interrompit M. Mathieu. — Plus bas, — au compte-rendu de l'exposition.

Et comme Robert continuait de lire des yeux l'article commencé,

— Ne lisez pas cela, reprit le bonhomme. C'est honteux! C'est le cri insolent de l'esclave au triomphateur. Nous en reparlerons. Plus bas, vous dis-je.

— Il est bon, mon cher monsieur, de connaître toutes les opinions, dit l'artiste avec amertume.

— Ce n'est pas une opinion, c'est une vengeance! Je vous écoute.

Robert se reportant au paragraphe indiqué en commença la lecture :

« Les compositions de M. Robert ont attiré, dès l'ouverture des salles du Musée, l'admiration de la foule. Déjà, dans le cours de l'année, cet artiste, chargé d'importants travaux par la direction des Beaux-Arts, s'en était acquitté avec sa merveilleuse habileté...

Robert s'interrompit.

— Allez! allez! dit M. Mathieu en prenant le journal, oh! je le lirai bien. Je le sais par cœur.

» On se demande, continua-t-il en tenant la feuille à la manière des presbytes, à quelles limites atteindra ce talent si franc et si original que l'on peut considérer, dès maintenant, comme une des gloires de l'École française. »

— Ça y est ! poursuivit le bonhomme avec enthousiasme. Je l'avais dit. Donnez-moi la main. Vous êtes un grand homme !

— Vous êtes trop honnête, monsieur Mathieu, dit l'artiste en lui abandonnant sa main.

— Tant pis ! Je vous dis cela comme je le sens ! Mais ce n'est pas tout. Nous devons songer à vous garantir des morsures de la calomnie. Cet article, celui que vous lisiez d'abord, est l'œuvre du marquis. Cela est clair. Je connais ses projets ; il les a racontés à ma femme. Il va vous diffamer. C'est un Bazile ! Il faut se hâter de lui fermer la bouche. Et, pour cela, je vous apporte un baillon.

Il lui remit un rouleau de papier.

— Un baillon ? Que voulez-vous dire ? fit Robert en dénouant le rouleau.

C'étaient des billets de banque.

— Ça l'asphyxiera net ! poursuivit M. Mathieu. Fin contre fin ne vaut rien à faire doublure. Je sais d'ailleurs que ces dettes n'ont pas été contractées par vous. Ah ! j'ai pris aussi des informations, moi. Ce sont les péchés ou plutôt les crimes de l'intendant de madame votre mère que vous vous êtes chargé d'expier.

— De cet indigne Gessac; c'est vrai!

— Gessac, dites-vous? Il se nommait Gessac? Attendez-donc... Ne s'est-il pas envolé au Brésil, cet épervier-là?

— Au Brésil, peut-être, en Amérique certainement. En auriez-vous entendu parler?

— Oui, c'est-à-dire non, répondit M. Mathieu, en réfléchissant. Il faut que je consulte le baron de Charmeuil. Il a voyagé par tout le monde, ce baron. C'est le Juif errant, moins les cinq sous. Mais ce serait bien extraordinaire, bien impossible... En attendant, vous devez vous libérer. Il s'agit de désarmer ce marquis, de lui arracher les funestes papiers qui servent de prétextes à ses diffamations. Vous êtes un homme de cœur que j'aime, un homme de talent que j'admire, et dont l'amitié me rend fier. Je ne veux pas qu'on vous traîne devant un tribunal. Vous accepterez, poursuivit le père de Lucile avec chaleur, vous accepterez, mon ami... Ce qu'il vous faut pour vous tirer de cette mauvaise affaire n'est pas une somme pour moi. Je suis riche, et je renoncerais à la fortune, si parmi les avantages qu'elle procure n'était pas compris celui de venir en aide à ceux qu'on estime et qu'on aime; c'est là son plus beau privilège!

Robert paraissait écouter le brave homme avec une attention distraite.

— Monsieur Mathieu, répondit-il tout à coup en lui serrant la main, je vous remercie. Je vous remercie infiniment...

— C'est à moi de vous remercier. Bravo! vous êtes un véritable ami! Je craignais... ouf! Vous m'ôtez un fameux poids de dessus la poitrine.

— Je ne puis accepter ces billets, continua Robert. La nature des rapports qui ont eu lieu entre nous, des projets qui se sont formés, m'interdit, monsieur Mathieu, d'user en ce sens de votre affection.

— Mais enfin, vous nous avez sauvés aux Champs-Elysées, dit M. Mathieu surpris et contristé.

— Serait-il honorable de faire payer un pareil service?

— Mais, vous êtes notre ami, et j'ai bien le droit d'obliger un ami. A quoi pourrai-je vous être utile autrement? continua-t-il d'un ton de reproche affectueux. Tenez! vous n'êtes pas un ami; vous êtes un orgueilleux! vous êtes un mauvais cœur! Moi qui étais si heureux de vous apporter ces chiffons! ne pouvez-vous les accepter pour m'obliger?

— Non, de grâce, répondit Robert. L'ami a le droit et le devoir de ne pas abuser de votre généreuse amitié. Que dirait-on, je vous le demande? L'opinion publique est un juge sans pitié, quoique souvent sans yeux et sans raison. On dirait que, ne m'étant pas soucié du mariage, j'ai capté la dot...

— Qu'importent les sots et leurs propos!

— Il importe beaucoup. La sottise est une puissance, et une puissance d'autant plus redoutable qu'elle n'a pas la conscience du mal qu'elle peut faire. Nous devons éviter les pavés de sa critique.

M. Mathieu allait répondre, quand la comtesse entra dans la chambre, précédée de Chalus. Le chagrin, l'irritation et les regrets qui, depuis si longtemps, assombrissaient son visage, avaient fait place à une expression de joie et de fierté.

Chalus lui avait tout raconté, et la noble femme, sous l'empire des nouveaux sentiments qui s'étaient emparés de son esprit, semblait ranimée, rajeunie de vingt ans. Ses yeux étincelaient de feu, ses joues s'étaient colorées. Un air d'ineffable bonheur éclairait sa physionomie.

Elle s'approcha de M. Mathieu :

— Vous avez, Monsieur, dit-elle avec affabilité, une charmante fille, à qui je dois de la reconnaissance, et veux donner mon amitié.

M. Mathieu s'inclina tout étonné :

— Elle est bien gracieuse aujourd'hui, se dit-il.

— Mon fils, poursuivit la comtesse, en s'adressant à Robert, j'ai donné des ordres pour faire réintégrer, là haut, votre atelier d'artiste.

Robert ne comprenait pas. Il regarda sa mère avec surprise.

— Allez, Chalus, où je vous ai dit, ajouta la vieille dame en se retirant.

— Madame votre mère paraît beaucoup mieux portante, dit M. Mathieu à l'artiste. Je ne l'avais pas encore vue sourire.

— Dieu merci, dit Chalus, il était temps que cela finît. Il faut s'expliquer pour s'entendre. Demeurez un moment, vous en verrez bien d'autres.

Et il sortit d'un air content.

Bientôt après, arriva Lucile introduite par un domestique.

— O mon père! dit-elle, en embrassant le vieillard, la comtesse a fait dire ce matin qu'elle serait bien aise de me voir. J'étais absente et j'accours. Que peut-elle vouloir de moi?

— Elle veut te donner son amitié, chère enfant.

La jeune fille se tourna du côté de l'artiste.

— Robert, lui dit-elle, je sens battre follement mon pauvre cœur; si je ne voyais votre front pâle et vos yeux attristés, je croirais que c'est un présage heureux!

— Oui, oui, croyez-le, Lucile, répondit Robert machinalement, et plaidez notre cause auprès de ma mère.

Lucile passa dans l'appartement de la comtesse, après avoir prié son père de l'attendre.

— Il faut que je vous quitte aussi, M. Mathieu, reprit l'artiste. J'ai à faire quelques visites d'une extrême importance.

— Allez, mon ami. Dans votre position, les affaires d'abord, les affaires ensuite, les affaires toujours.

Robert se retira. M. Mathieu prit un siége et s'assit.

— Bon jeune homme, se disait-il, quel plaisir on

goûte à voir cette belle et généreuse nature! Cela vous réchauffe comme un verre de vin vieux! Un pareil mari pour ma fille! S'il n'était pas noble, pourtant, ce serait chose faite!...

Robert avait refusé ses offres de service. Comment échapperait-il aux griffes du marquis?

Pendant que M. Mathieu, tout en attendant le retour de sa fille, se posait cette difficile question, il vit entrer dans le salon un joaillier de ses connaissances. Il le questionna.

— Je pense, répondit le joaillier, que Madame la comtesse m'a fait appeler pour une opération de mon commerce : la vente ou l'achat de diamants.

Sur ces paroles, la comtesse parut, tenant en effet dans ses mains deux écrins. Elle était suivie de Lucile qui, toute pâle et triste, vint rejoindre son père...

— Eh bien, ma fille? dit M. Mathieu étonné de l'altération de ses traits...

— Madame la comtesse a été charmante, répondit Lucile. Oh! c'est une femme bien digne et bien noble, et qui aime bien son fils!

— Enfin...

— Je lui ai promis... je tiendrai ma promesse, dit la jeune fille d'une voix entrecoupée de sanglots.

M. Mathieu devina le résultat de l'entretien.

— Pauvre enfant! te briser le cœur!... dit-il. Mais n'y songe plus. Du courage! C'est une femme qui a ses idées. Moi aussi, j'avais les miennes. S'il lui était donné de te connaître, comme il m'a été donné de connaître son fils, ses idées changeraient sans doute comme les miennes ont changé. Car c'est un grand cœur, vraiment noble! Mais n'y songeons plus. Partons.

Il voulut l'entraîner.

— Non, je dois attendre Robert. Je dois lui parler, dit Lucile.

Ils passèrent dans la bibliothèque, sur l'invitation de la comtesse.

Restée seule avec le joaillier, la comtesse ouvrit ses écrins et les lui montra.

— Celui-ci, dit-elle, est un cadeau de la reine Anne de Bretagne à mon aïeule. Cet autre m'a été donné par l'infante, le jour de mon mariage.

— Comme souvenirs de famille, madame la comtesse, répondit le joaillier après un mûr examen, ce sont là des trésors inappréciables, mais comme objets de commerce, je dois vous le dire et vous le comprendrez, il faudra changer les montures, retailler les diamants, imaginer de nouvelles dispositions en harmonie avec les goûts du jour. C'est tout un travail artistique extrêmement méticuleux, et qui entre pour beaucoup dans la valeur des parures.

— Je comprends, monsieur, mais ces parures ont été estimées autrefois soixante mille francs.

— Soix... Ah! madame, vous n'en trouveriez pas aujourd'hui le quart! que dis-je? le cinquième!

La comtesse réfléchit.

— Veuillez m'attendre une seconde, Monsieur, dit-elle en retournant dans son appartement.

Lucile avait vu la mère de Robert prendre ses écrins, elle avait reconnu dans le joaillier un des habitués des salons de M. Mathieu; quelques paroles arrivant à ses oreilles par l'entrebâillement de la porte de la bibliothèque, elle prit vivement son carnet et se mit à écrire.

— Que fais-tu là? dit M. Mathieu

La jeune fille lui montra ce qu'elle avait écrit, et, profitant de l'absence de la comtesse, elle porta rapidement au joaillier, la feuille détachée du carnet.

Le joaillier y jeta les yeux.

— Vos ordres, Mademoiselle, seront exécutés, répondit-il.

La comtesse revint. Elle apportait d'autres bijoux.

— Monsieur, dit-elle, j'ai besoin, pour satisfaire à des engagements sacrés, d'une somme de trente mille francs. Je vous livre tous mes joyaux, jusqu'à l'anneau d'or de ma mère.

— Pardon, madame la comtesse, répondit le marchand, mais j'avais mal examiné vos écrins. Celui-ci, — il en tenait un dans ses mains, — vaut à lui seul Golconde et Visapour. Je vous en donnerai ce que vous voudrez. Je m'engage, en outre, à ne pas m'en dessaisir et à vous le représenter le jour où il vous plaira de le racheter. C'est une sainte relique de famille qu'un pareil trésor.

La comtesse fut un peu étonnée du revirement.

— Il est vrai, Monsieur, répondit-elle, à mon âge on ne vit plus guère que par le souvenir, et ces joyaux me rappellent les plus beaux temps de ma vie...

— Eh bien, Madame, c'est marché conclu. Dans dix minutes, je vous apporterai la somme que vous désirez.

A ces mots il salua et se retira.

— J'entends mon fils, dit la comtesse en ouvrant la porte de la bibliothèque, et en s'adressant à Lucile, je vous laisse; je compte sur votre courage.

Elle rentra chez elle en emportant ses joyaux. Lucile sortit de la bibliothèque et se trouva en présence de l'artiste qui arrivait.

Robert paraissait heureux; son visage rayonnait de joie.

— Tendre amie, dit-il à Lucile, vous aviez raison: votre vue est un présage de bonheur. La roue de la fortune a tourné : parti le front chagrin et l'âme découragée, je reviens, voyez : le sourire aux lèvres et l'espérance au cœur.

— Robert... fit Lucile avec tristesse.

— Ainsi est la vie, pluie et soleil! Dans ce moment la joie m'inonde. Tout autour de moi s'éclaire et marche avec un succès qui me confond. Nul obstacle! Partout des visages satisfaits, des amis empressés. Les nuages qui attristaient notre avenir ont disparu. Je vais d'enchantements en enchantements.

— Prenez garde, Robert. Plus on s'élève et plus la chute est cruelle...

— Ce langage... Mais vous êtes pâle. Vous paraissez affligée. Que s'est-il passé? Qu'avez-vous? Ma mère désirait vous voir et vous donner son amitié.

— Oui, mon ami, votre mère m'a donné son amitié, et j'en veux être digne, répondit Lucile en maîtrisant son émotion. Elle m'a dit :

« Mon fils vous aime. A l'âge où il est arrivé, la loi l'autorise à vous épouser sans mon consentement; vous pouvez, de votre côté, enfreindre la volonté de votre mère. Vous êtes libres de vous marier ensemble. Mais deux bénédictions vous manqueront au jour de votre mariage. Dieu sera-t-il pour vous?... »

Je lui ai répondu que je ne me marierai pas sans le consentement de ma mère, sans que vous ayez obtenu le consentement de la vôtre... Oui, Robert, poursuivit Lucile d'un ton plus ferme, dussé-je être éternellement malheureuse, la tranquillité, la vie de votre mère, avant notre bonheur et notre vie! Je regrette de ne pouvoir vous aider à lui rendre l'existence douce, à charmer ses derniers beaux jours — car je l'aime! En me parlant de vous, Robert, elle avait des larmes dans les yeux!

La comtesse entra.

— Vous êtes une bonne et courageuse fille, dit-elle en embrassant Lucile au front. Vous aurez le même courage et le même dévouement, mon fils, continua-t-elle en se tournant du côté de Robert. J'ai appris à connaître et j'apprécie la grandeur du sacrifice que je réclame de vous. Vous l'accomplirez! Après ce que vous avez fait, je n'en puis douter.

Robert paraissait interdit. Il regardait sa mère comme dans un rêve.

— Vous avez manqué de confiance en mon courage, reprit la comtesse avec douceur. Vous avez oublié, Robert, que, fille et femme de proscrit, j'ai été habituée à regarder le malheur en face. Vous avez craint les privations pour moi, et vous vous êtes imposé le travail, le travail opiniâtre et avide de salaire. Vous avez renié vos titres. Vous avez supporté les dédains de vos connaissances, les railleries de vos amis, les calomnies d'envieux. Mes plaintes ne vous ont pas ébranlé. Mes reproches ne vous ont pas détourné de la ligne du devoir. Vous êtes un noble cœur! Je me demande comment j'ai pu vous méconnaître. Ah! j'ai expié par de cruels chagrins cette méprise de mon amour, cette erreur de mon orgueil! Vous êtes bien du sang de vos aïeux, vous êtes bien un Kernoë, Robert! Dévouement et résignation, courage de héros et patience de martyr : vous voilà! Soyez béni! Si j'ai souffert, je suis heureuse, et ce moment de bonheur paierait, à lui seul, toute une vie de souffrance!

L'artiste s'inclina pour baiser la main de la comtesse.

— Dans mes bras, dans mes bras, mon enfant! dit la vieille dame en l'étreignant sur sa poitrine et l'embrassant avec effusion. Je vous ai durement offensé, Robert, continua-t-elle; me pardonnez-vous?

— Ma mère! ma bonne et vénérée mère! répondit l'artiste éperdu d'émotion et la voix mouillée de larmes, ne savais-je pas que vous m'aimiez!

— Oui, je t'aimais! oui, je t'aimais! et je n'en souffrais que davantage! Mon fils, mon sang — déchu — indigne. — Oh! c'était le désespoir! c'était impossible! — Ecoute : — j'ai déjà songé à notre avenir... Chalus m'a tout dit... je sais que nous n'avons plus rien... Tu cesseras de travailler...

je vendrai ce qu'il me reste de bijoux... nous paierons les créanciers...

Tout cela était dit confusément, au milieu des sanglots, des sourires et des étreintes de joie.

— Chère mère, de grâce, ne vous inquiétez pas de ces dettes...

— Ces dettes sont les miennes. J'ai de quoi satisfaire aux premiers engagements... Vois! — le prix d'un de mes écrins, — répondit la comtesse, en montrant un paquet de billets de banque.

— Oh! qu'avez-vous fait? dit Robert. J'apporte, — voyez! — le prix de mes tableaux.

Il montrait également des billets de banque.

— Cher, cher enfant! c'est ainsi que tu te venges! fit la comtesse en embrassant de nouveau l'artiste avec tendresse. Veux-tu donc que je ne puisse pas me pardonner, moi?...

Témoin involontaire de cette scène, M. Mathieu s'éloigna transporté d'admiration; Lucile suivit son père les yeux noyés de larmes.

VIII

LA PROVOCATION

Le lendemain, la comtesse, cédant à un sentiment de curiosité nouveau chez elle, demanda sa voiture et se fit conduire à l'Exposition. Elle pénétra dans les galeries. Il va sans dire qu'elle s'était habillée de manière à ne pas être reconnue. Vêtue de noir, le plus simplement du monde, un voile lui couvrait la figure.

Deux tableaux de grande dimension occupaient, dans la salle d'entrée, le pan de mur faisant face à la porte.

Devant ces œuvres, où il était facile de reconnaître le pinceau d'un artiste de premier ordre, se pressait une foule attentive, manifestant son admiration par un sourd murmure, de grotesques attitudes, et s'il faut l'avouer, de très-laides contorsions de visage. Plus une chose est belle, plus — en vertu peut-être de la loi des contrastes — notre admiration prend en effet un air hébété et comique.

Par un caprice du cœur, le peintre avait choisi pour sujet de ces compositions le plus beau et le plus touchant des épisodes de notre vieille histoire gauloise : la lutte héroïque et la noble mort de Vercingetorix.

L'un des tableaux représentait le siége d'Alise par les légions de César.

On voyait la ville assiégée, bâtie comme un nid d'aigles, sur la cîme d'un mont — le mont Auxois. — Les légionnaires avaient élevé, sur les flancs de la montagne, deux grandes murailles; l'une entourant la place et destinée à les protéger contre les attaques des assiégés, l'autre environnant leur camp et les défendant contre les agressions des armées gauloises arrivées au secours d'Alise; de telle sorte qu'ils se trouvaient enfermés entre deux lignes de fortifications, assiégeants et assiégés tout à la fois. Le jeune chef des Gaules, Vercingetorix, suivi de ses guerriers, descendait de la ville, par une nuit obscure, à la lueur des éclairs. Il était couvert d'une armure d'acier, tachée de sang. La fatigue, le chagrin et la colère d'une lutte désespérée, avaient laissé leur empreinte sur son pâle et beau visage. Ses guerriers paraissaient exténués de lassitude et de faim. Ils venaient attaquer les Romains dans leurs lignes. Aux précautions dont ils s'environnaient, au silence inquiet de cette marche nocturne, à la lividité maladive des physionomies, à la clarté furieuse des regards, on devinait qu'il s'agissait d'une tentative suprême, du dernier effort d'hommes réduits à l'extrémité.

Dans l'autre tableau, inondé de splendides rayons de soleil, on voyait César assis sur un trône, entouré de ses légions. Devant lui, Vercingetorix, à cheval, et tête nue, se dépouillait de ses armes et les jetait au pied du trône. Des vieillards, des enfants et des femmes de la ville assiégée, qu'il sauvait de la mort par son sacrifice volontaire, l'entouraient et embrassaient ses genoux en fondant en larmes. Dans l'ombre se tenait un licteur appuyé sur sa hache. Au-dessus de la tête du héros martyr, planait vers le ciel le génie de la Gaule, représenté par une jeune fille d'une admirable beauté, désolée et pâle comme un fantôme, les mains chargées de couronnes.

La poésie terrible de ces grandes scènes produisait un effet d'émotion auquel il était difficile de se dérober. Les groupes se succédaient sans relâche pour en contempler la vigueur saisissante.

La comtesse en entrant dans la salle, fut prise d'une sorte d'étonnement extatique à la vue de ces tableaux.

Elle resta pendant plusieurs minutes immobile, muette, le regard ébloui, examinant chacune des œuvres dans ses détails. Elle aperçut au bas des toiles le nom de son fils.

— Robert.

— Quoi! c'est Robert qui a fait cela? se dit-elle tout émue.

— C'est admirable! c'est d'un homme de génie! c'est d'un grand homme! dit très-haut une voix à son côté.

Elle tourna la tête. Celui qui exprimait son opinion, avec cet enthousiasme, était un personnage gros et court, dans lequel la comtesse reconnut sans difficulté M. Mathieu. Il donnait le bras à Lucile; la comtesse releva les yeux sur la personnification du génie de la Gaule; on y reconnaissait l'image de cette jeune fille d'une beauté éloquente, bien digne d'inspirer un artiste.

Derrière M. Mathieu et sa fille, se tenaient Mme Mathieu et le marquis, causant bras-dessus, bras-dessous.

— C'est d'une inconvenance sans nom ! disait le marquis. Regardez, Mme de Sainte-Claire, les traits de Mlle Lucile.

— En effet, répondit Mme Mathieu, c'est d'une inconvenance qui n'a pas de nom.

La veille, Robert avait fait prévenir le marquis qu'il mettait à sa disposition le montant des créances exigibles. Le marquis, à cette nouvelle, était devenu furieux. Il croyait tenir son rival, et son rival menaçait de lui échapper.

— Qui lui avait fourni des fonds?

La pensée lui vint que ce devait être M. Mathieu. Il s'informa et parvint à se procurer le billet écrit par Lucile, et remis au joaillier.

— C'est tout simplement, dit-il alors à Mme Mathieu, un dol par captation.

Cependant Mme Mathieu se laissait aller à admirer, comme tout le monde, les tableaux de Robert. Tout à coup, le marquis abandonna son bras, et se retournant :

— Parbleu ! dit-il, nous voilà réunis ; nous pouvons laver notre linge sale en famille.

Il venait d'apercevoir Robert. L'artiste circulait au milieu de la foule, examinant avec attention les œuvres de ses confrères.

La persistance des refus de Lucile, la répulsion croissante que lui témoignait M. Mathieu, la versatilité de Mme Mathieu prête à abandonner son parti devant l'assentiment de la comtesse au mariage de Robert, et plus que tout cela, certaines indiscrétions du baron de Charmeuil, conseillaient au marquis de précipiter le dénouement de ses intrigues.

La colère aussi le dominait.

Devait-il donc échouer, après tant de soucis, tant de démarches, tant de combinaisons habiles ? Devait-il renoncer à la conquête de cette riche toison d'or jetée par un père millionnaire sur la robe nuptiale de sa fille ? Devait-il se retirer la tête basse, honteux, vaincu, raillé, bafoué ?

Non ! Blessé dans ses intérêts, blessé dans son

amour-propre, aiguillonné par la crainte de révélations scabreuses, n'ayant plus rien à ménager, rien à épargner du côté de l'artiste, le marquis était résolu à soutenir ses prétentions par un coup hardi. Un éclat pouvait seul le relever aux yeux de Mme Mathieu, et peut-être dans l'esprit de Lucile. Les femmes aiment les émotions fortes : un homme redoutable qui écarte ses rivaux l'épée à la main, bravant la mort à cause d'elles, ne leur déplaît généralement pas. Une lutte lui offrait d'ailleurs la chance de se débarrasser de l'artiste.

Toutes ces idées fermentaient depuis la veille dans la tête de Brentano. A la vue de Robert elles firent soudainement explosion.

Il alla droit à l'artiste.

— Monsieur, lui dit-il d'un ton agressif, je suis aise de vous rencontrer. Un mot, je vous prie.

Et l'entraînant à l'écart dans un coin du salon :

— On m'a rapporté, poursuivit-il, que vous étiez prêt à vous libérer envers moi. Je voudrais savoir avant toutes choses, si l'argent destiné à cette libération vous appartient réellement?

— Monsieur, que voulez-vous dire? Ce n'est pas ici...

— Encore un mot, interrompit le marquis avec un flegme imperturbable. Je vous avertis que je n'accepterai pas le remboursement, s'il n'est garanti contre toute répétition.

Mme Mathieu, M. Mathieu et Lucile les avaient suivis.

— Qu'y a-t-il? dit M. Mathieu en se portant vivement entre les deux hommes.

L'artiste était pâle de fureur contenue, Brentano affectait un calme impassible.

— Il y a, dit-il en mettant le papier du joaillier sous les yeux de M. Mathieu, que M. Robert, comte de Kernoë, aidé de madame sa mère, a capté, sous prétexte d'achat de bijoux, je ne sais quelle somme importante, à mademoiselle votre fille. Ce qui n'est ni noble ni honnête!

M. Mathieu arracha le papier.

— Vous avez menti! s'écria-t-il en même temps que Robert.

— Vous avez menti! répétèrent à la fois deux femmes, apparaissant aux deux côtés du marquis.

L'une de ces femmes était voilée de noir. C'était la comtesse, témoin inaperçue de cette affreuse scène; l'autre regardait Brentano l'œil fier, le visage enflammé, belle de mépris et d'indignation : c'était Lucile.

— Monsieur, dit froidement le marquis en s'adressant à Robert, je suis prêt à vous donner quittance.

IX

LA RENCONTRE

Le lendemain, de grand matin, quatre voitures sortaient de Paris et se dirigeaient vers le bois de Vincennes par des chemins différents.

Le temps était beau. Pas un nuage au ciel : le soleil se levait, inondant la campagne de lumière et de joie.

Une jeune fille, descendue de l'une des voitures, traversa le bois avec rapidité, et arriva haletante, dans une clairière, entourée d'un double rideau de buissons et de grands arbres qui en faisaient une sorte de salle de verdure.

Elle regarda autour de la clairière. La pâleur de

son visage, la vivacité fiévreuse de ses mouvements, le désordre de sa toilette, témoignaient d'une inexprimable inquiétude.

— C'est ici ! murmura-t-elle. Personne ! Il n'est pas l'heure...

Et portant la main sur son front, elle continua :

— Grand Dieu ! penser qu'il va se battre, se battre à cause de moi, se battre contre cet homme qui le tuera... Oh ! c'est impossible ! je l'en empêcherai. Mais, que puis-je ? une jeune fille !... Ai-je seulement le droit de m'inquiéter de lui ? Il ne m'écoutera pas... Et sa mère, sa mère... Tout est fini entre nous... je ne dois plus...

Elle fut interrompue par une voix criarde et essoufflée :

— Eh bien ! eh bien ! Lucile, disait cette voix, es-tu folle !... On croirait, Dieu me pardonne, que tu as le diable au corps. Voilà ma toilette tout arrachée par les ronces et gâtée par la rosée. Vraiment ! je suis bien bonne d'écouter tes caprices...

C'était — nos lecteurs l'ont reconnue, — Mme Mathieu. Elle avait accompagné sa fille au bois ; mais elles y venaient toutes deux sous l'empire d'un sentiment bien différent.

— Pierre, Joseph, reprit-elle en s'adressant aux domestiques qui la suivaient, ne nous quittez pas.

Et se rapprochant de Lucile, elle poursuivit :

— Il faudrait, mon enfant, tâcher de te maîtriser davantage. Une femme, une jeune fille ne doit pas laisser lire sur sa figure ce qui se passe dans son âme.

— Mais... dit Lucile troublée.

— Ce n'est pas à sa mère qu'on en fait accroire... interrompit Mme Mathieu. Au surplus, je comprends ton émotion, A ton âge et dans ta position, j'aurais été, comme toi, fière et heureuse...

— Fière et heureuse ! O ciel ! fit Lucile avec douleur.

— Tu m'as obligée de me lever avant le jour pour m'entraîner au milieu des bois. Penses-tu que je ne devine pas le secret de cette grande... impatience, puisque, te dis-je, le marquis m'a tout raconté. Tu viens ici pour le combat de...

— Oh ! oui, dit la jeune fille, Dieu aura pitié de moi !

— C'est ainsi que les preux se disputaient la dame de leurs pensées, dit Mme Mathieu, possédée de souvenirs chevaleresques. Il est beau d'être l'objet de pareilles luttes ! Le marquis est un vrai chevalier. J'espère qu'il triomphera.

— De grâce... fit Lucile au supplice.

— Il t'aime, chère enfant, continua Mme Mathieu sans s'émouvoir. Il t'aime à te sacrifier sa vie. Du côté du comte, c'est au contraire un amour sans espoir. Souviens-toi que la comtesse de Kernoë a repoussé dans son inflexible orgueil toute pensée d'alliance.

Un bruit de feuilles remuées fit tressaillir les deux femmes. Elles se retournèrent et virent arriver du côté de la clairière, la comtesse, suivie de Chalus.

— Le marquis n'est pas encore arrivé, disait le vieux serviteur. M. le comte attend au bout de l'avenue avec ses témoins.

— Arrivé le premier ! c'est bien, murmura la comtesse.

Elle entra dans la clairière. Mme Mathieu, en la voyant, se retira, comme si elle eût craint d'être aperçue. Mais Lucile se précipita au devant d'elle.

— Ah ! Madame... béni soit Dieu qui vous envoie ! s'écria-t-elle en joignant les mains. Vous venez sauver Robert, sauver votre fils, oh ! merci !

Qu'il ne se batte pas à cause de moi ! Cet homme, ce marquis le tuerait, et moi, moi, je serais la cause de sa mort... Oh ! non, je n'aurai pas un pareil crime sur ma vie ! Vous lui défendrez de se battre. Il vous écoutera, vous, sa mère. Moi, il ne m'aurait pas écoutée...

— Mon enfant, répondit la comtesse pensive et triste, Robert écoute la voix de l'honneur.

Lucile la regarda, sans comprendre.

— Madame, au nom du ciel, reprit-elle éperdue d'anxiété, je vous promets de quitter Paris, de quitter la France, s'il le faut. Il n'entendra plus jamais parler de moi ! Je ne le verrai plus ! J'en mourrai, qu'importe ! Oh ! mais, je vous en supplie, empêchez ce duel horrible ! Que je n'aie pas sa mort à me reprocher !

— Je vous répète, mon enfant, dit la comtesse avec émotion, qu'il ne s'agit pas de vous ici... mais de l'honneur d'un nom illustre... mais de l'accomplissement d'un devoir sacré. Un Kernoë ne recule pas devant un outrage ; un fils n'a pas à délibérer quand on insulte sa mère !

— Madame... fit Lucile avec étonnement.

— Vous devez comprendre cela, jeune fille, vous

dont le cœur n'est pas fermé aux nobles sentiments ! Vous ne pourriez certainement pas aimer un homme qu'un autre aurait fait trembler, un homme capable de laisser sur votre front la souillure d'une offense, car c'est l'estime qui commande l'amour !

— Oui, oui, oh ! mais pardonnez-moi, répondit Lucile étouffée de sanglots. Je n'ai pas votre fermeté. La pensée, l'affreuse pensée de ce duel me brise... pardonnez- moi ces larmes !

— Mon cœur ne saigne-t-il pas aussi ? répondit la comtesse avec une expression d'angoisse profonde. Ne suis-je pas sa mère ?

— Oh ! vous avez raison. Dieu ne permettra pas qu'il succombe. Il vivra pour vous !

— Quoi qu'il arrive, mon enfant, croyez que vous ne serez pas accusée... même par moi. Que votre esprit se tranquillise... Voici Robert.

L'artiste arrivait effectivement, accompagné de M. Mathieu. Lucile, tout éplorée, retourna vers sa mère. La comtesse quitta la clairière à l'approche de son fils.

— Cet homme m'a répété que je le gênais, et qu'il voulait se débarrasser de moi, disait Robert à M. Mathieu ; il ne faut pas chercher ailleurs le motif de la cruelle injure qu'il m'a faite. Mais, si je n'y répondais pas aujourd'hui, il recommencerait demain. C'est un duelliste consommé, dites-vous? — Grâce à Dieu, je sais tenir une épée, et quoique par principes j'aie horreur du duel, la lutte ne me fait pas peur. Ce malheureux ne s'est pas borné à m'insulter ; il a outragé la comtesse. Quand je pourrais, moi personnellement, dédaigner la provocation d'un pareil homme, du moment où il n'a pas craint de faire monter ses injures jusqu'à ma mère, vous comprenez qu'il m'était impossible de reculer.

— Soit. Mais tenez-vous sur vos gardes, répondit M. Mathieu. J'ai entendu le baron de Charmeuil vanter son adresse de bretteur. Ah ! que je regrette l'absence de ce baron ! Il eût pu nous fournir des renseignements nouveaux sans doute. Le marquis est son créancier; il l'a bâillonné avec une contrainte et l'a chassé de Paris en mettant les recors à ses trousses. Cela n'est certes pas sans intention... J'ai envoyé à la recherche du baron après avoir consigné le montant de ses dettes; si on pouvait nous le ramener...

— Mon cher monsieur Mathieu, que cet homme

possède comme tireur une grande habileté, qu'il ait acheté un marquisat et soit connu du baron, nous n'avons pas à nous en inquiéter. Ce que je sais de lui, c'est qu'il m'a insulté, qu'il a fait rejaillir son fol outrage jusque sur ma mère, et qu'il tarde bien à venir !

— En effet, dit M. Mathieu en regardant à sa montre.

— J'ai laissé ma mère endormie, reprit Robert avec impatience. Je comptais rentrer avant son réveil...

— Pendant que tu étais ici, dit la comtesse en s'avançant dans la clairière, as-tu pensé que je pourrais dormir ?

— Ciel ! fit Robert en se retournant.

— Mon fils, reprit la comtesse d'un ton grave et triste, quand ton père, le vaillant comte de Kernoë allait en campagne, il me disait :

« Partons ! »

Je me tenais à son côté quand il combattait, c'est dans mes bras qu'il voulut mourir !

— Ma mère, je craignais...

— Tu craignais de troubler mon repos, quand toi-même tu te rendais au-devant du danger ?

Dans ces temps nous comprenions l'amour au sein de la famille, comme l'union sacrée des existences. On goûtait ensemble les joies, on supportait ensemble les douleurs. Et ton père ne m'aurait pas frustrée, comme tu le fais, de ma part de danger ou d'inquiétude...

— Ma mère, je vous savais souffrante...

— Non! non! tu as manqué, comme toujours, de confiance en mon courage. Mais va! ne crains rien. Le cœur n'a pas vieilli. Il m'appartient de veiller sur toi, et c'est encore dans mes bras, c'est encore sur le sein de ta mère que tu reposeras le mieux!

— Oui, oui! Oh! merci, dit Robert en tombant dans les bras de sa mère.

— Puisqu'il a plu au marquis, reprit la comtesse avec fermeté, de nous outrager sans raison pour te forcer au combat, songe que je suis près de toi, Robert, et que c'est moi que tu défends!

— Voici le marquis et ses témoins, dit à demi-voix M. Mathieu, qui, pendant cette scène, avait cru devoir se retirer de la clairière avec l'autre témoin de Robert.

La comtesse s'éloigna, après avoir embrassé

tendrement son fils. Pas une larme ne coulait de ses yeux; pas un frissonnement n'agitait ses membres. Mais elle avait la pâleur de la mort, et des sanglots, qu'elle s'efforçait en vain d'étouffer, lui déchiraient la poitrine.

— Je vous demande pardon, Monsieur, dit le marquis en abordant Robert. J'ai été retenu, hier au soir, beaucoup plus longtemps que je m'y attendais, à la société philanthropique, et ma foi, ce matin, je dormais honteusement.

— C'est bien, Monsieur. — A nos témoins de s'entendre, dit Robert.

Les témoins, parmi lesquels figurait M. Mathieu, se retirèrent à quelque distance pour arrêter entre eux les conditions du combat.

— Vous ne sauriez vous imaginer, Monsieur, reprit froidement le marquis en s'adressant à Robert, quels obstacles il faut vaincre pour avancer sur l'étroit sentier du bien ! Je désirais que la société dont je suis un des principaux membres sollicitât l'établissement d'une cour du point d'honneur, comme il en existait avant la révolution. C'était un projet sage, car il est bien des affaires de duel — la nôtre par exemple — que l'on ne peut décemment porter devant les tribunaux. Eh bien, ce projet sage, et d'une urgence impérieuse, a été ajourné indéfiniment.

— En attendant, vous provoquez sans cause, et vous tueriez sans scrupule, dit M. Mathieu, rentrant dans la clairière avec les témoins.

— Je pourrais vous répondre, Monsieur, fit le marquis d'un ton sec, qu'il est certains problèmes que l'on ne parvient à résoudre que par l'absurde. Mais je préfère vous avouer franchement que je ne suis pas assez dévoué à mon idée pour lui sacrifier des victimes humaines.

Les deux adversaires s'étaient armés; ils commencèrent la lutte au signal des témoins.

— Bientôt apparaîtra la logique de ma conduite, reprit le marquis, tout en se défendant contre les assauts de l'artiste.

— J'aime à croire, Monsieur, qu'elle n'apparaîtra pas, dit Robert, en faisant sauter l'épée pointée sur sa poitrine.

— Il serait possible... si vous continuez de la sorte, répondit Brentano en saluant son adversaire.

Il alla ramasser son arme.

— Faites attention, dit M. Mathieu, en se rapprochant de Robert. Défiez-vous de ces maladresses volontaires. Point de générosité.

Le marquis revint, et la lutte recommença.

Brentano, doué d'un grand sang-froid, d'une grande dextérité de mouvements, tenta d'abord de fatiguer l'artiste par des feintes habiles, comptant l'avoir à discrétion à un moment donné. Mais Robert avait la pratique des armes. Il attaqua le marquis avec vigueur, et le força, bon gré mal gré, de sortir de son système de feintes. La franchise, la fermeté, la fougue de son jeu déroutaient les habitudes de Brentano.

Tout à coup arrive dans la clairière le baron de Charmeuil accompagné d'Ernestine et des domestiques de M. Mathieu. Il est en costume de voyage.

— Arrêtez ! s'écrie-t-il.

Et se précipitant vers le marquis, il lui arrache son épée.

— Monsieur Gessac, dit-il, votre père a ruiné le comte de Kernoë. Vous voulez le tuer ? Après le vol, le meurtre ? Cela ne sera pas !

Les témoins accourent.

— Gessac ? dit Robert au comble de la surprise.

— Le fils de votre intendant! répond le baron de Charmeuil. M. Antony Gessac, gentilhomme du commerce, qui avec le fruit de vos dépouilles, héritage de son père, a acheté le marquisat brésilien de Brentano.

— Monsieur le baron, dit le marquis atterré, vous venez de contracter envers moi une nouvelle dette.

— Que je vous paierai quand bon vous semblera, Monsieur, répondit de Charmeuil.

— J'y compte.

A ces mots, le marquis appela son domestique, se couvrit d'un manteau, salua Robert, et se retira à travers le bois.

Cependant, au commencement de cette scène, la comtesse et Lucile, parties spontanément des deux extrémités de la clairière, s'étaient élancées vers Robert. Arrivées près de l'artiste, l'une en face de l'autre, elles s'arrêtèrent incertaines; puis la comtesse ouvrit ses bras à la jeune fille, qui se précipita sur son sein.

— Chère enfant, viens! N'aie pas peur, dit la vénérable dame avec effusion. Tu étais restée là ? Combien tu as dû souffrir! Quand moi, moi, à la vue de cette lutte, je me sentais la poitrine comme traversée par l'éclair des épées ! Ah ! tu es une noble fille ! J'ai rencontré chez toi la délicatesse fière des Meriadec, le dévouement et le courage des Karnac. Comment expliquer cela ? Pourquoi Dieu t'a-t-il dotée si généreusement ? Qu'importe ! On peut te confier son nom sans craindre que tu le fasses déchoir. Nous avons souffert des mêmes douleurs, pleuré les mêmes larmes ; nos deux cœurs se sont unis dans un même sentiment d'amour : tu seras ma fille !

Et, mettant la main de Lucile dans celle de Robert, elle ajouta :

— Tu seras comtesse de Kernoë.

— Oh ! Madame, c'est trop de bonheur ! dit la jeune fille pleurant de joie.

— Chère mère, comment vous remercier jamais ! fit Robert tout ému.

— En la rendant heureuse !...

X

UNE RÉFLEXION DE M. MATHIEU

Six mois plus tard, un personnage, portant l'uniforme d'officier supérieur, se présentait dans le principal hôtel de Turin, où étaient arrivés de la veille, Mme la comtesse de Kernoë mère, M. Robert, Mme Lucile Robert, M. et Mme Mathieu. Les médecins avaient ordonné le séjour de l'Italie à la vieille comtesse. L'artiste et Lucile, devenue sa femme, avaient voulu l'accompagner, M. et Mme Mathieu avaient voulu accompagner leur fille.

L'officier demanda M. Robert, il lui remit une

lettre. C'était une invitation à la soirée que donnait le commandant militaire de la ville.

Robert consulta autour de lui. On accepta.

Les soirées du commandant avaient une réputation de magnificence et de distinction méritée. La comtesse fit quelques frais de toilette, Mme Mathieu se para comme une châsse, Lucile s'habilla avec simplicité.

— Vous êtes une charmante coquette, ma chère bien-aimée, lui dit à ce propos la comtesse qui lui montrait la tendresse d'une mère. Vous craignez que la parure ne fasse tort à votre beauté? Eh bien, vous avez raison!...

Quand ils se présentèrent au seuil des salons, l'huissier du palais les annonça: Mme la comtesse de Kernoë; M. le comte et Mme la comtesse Robert de Kernoë; M. et Mme Mathieu.

Ils entrèrent, allèrent saluer le commandant et se mêlèrent aux invités. Les groupes s'écartaient devant eux, pour leur livrer passage. On les regardait de côté, et chacun se disait ou se demandait tout bas le nom de ces étrangers. Mais personne ne venait à leur rencontre pour leur adresser un mot ou un geste amical. Ils se promenèrent dans la solitude...

Tout à coup, le commandant, débarrassé du soin des réceptions, s'avança vers Robert, et, le prenant par la main, il le présenta à ses hôtes.

— M. Robert, artiste peintre, dit-il, auteur du *Siége d'Alise*...

Aussitôt tous les yeux s'éclairèrent, les visages s'épanouirent, les mains cherchaient à serrer celles de l'artiste. Son nom, répété de bouche en bouche, attira les assistants des extrémités du salon. On accourut pour le voir, pour lui adresser des félicitations. Chacun l'invita à quelque bal ou à quelque dîner. On ne s'occupa que de lui pendant toute la soirée.

M. Mathieu triomphait. Il était radieux de bonheur. Mme Mathieu, gonflée dans ses atours, semblait dire :

« Regardez-moi : c'est mon gendre ! »

Lucile souriait de plaisir aux éloges que l'on faisait de son mari.

Quant à la vieille comtesse, elle paraissait au comble de l'étonnement.

— Que veut dire cela ? murmurait-elle. On se nomme le comte de Kernoë, ils ne font pas attention à vous. Et à ce nom de Robert, artiste peintre, on les voit s'empresser, comme à l'arrivée d'un roi !

— Ah ! Madame la comtesse, dit l'excellent M. Mathieu, c'est que le génie est aussi un roi !

LE MARCHAND D'ESCLAVES

LE

MARCHAND D'ESCLAVES

I

Le 10 novembre 1809, le *Skiatho*, bâtiment de guerre turc, naviguait dans les parages de Corfou, ayant à son bord plusieurs étrangers, lorsqu'une violente tempête éclata.

L'air était chargé de brume, le soleil descendait sous l'horizon, de rapides éclairs sillonnaient le ciel.

En un moment la tempête jeta le *Skiatho* au milieu des dangers du naufrage. Le vent grondait avec fureur et soulevait la vague dont l'écume jaillissait jusque sur le pont du bâtiment. Les voiles se déchiraient, les mâts craquaient dans leurs bracelets de fer. Le capitan, les galiongis [1], les matelots et les étrangers étaient dans l'attente d'une terrible catastrophe.

Déjà s'élevaient les lamentations du désespoir.

Cependant un des étrangers, celui qui paraissait le point d'union des autres, demeurait impassible au milieu du tumulte. Appuyé contre un mât, la tête nue, les bras croisés dans une capote albanaise qui l'enveloppait de ses plis, il contemplait l'orage ; et tout entier à cette contemplation, il ne semblait pas voir le danger où se trouvait le *Skiatho*. Son visage, un peu pâle, rayonnait d'enthousiasme.

Cet étranger était de taille moyenne, et paraissait dans la force de l'âge. Il avait le front élevé, les traits hardis et d'une finesse remarquable. Ses

[1] Sur les bâtiments turcs, les matelots sont grecs, et les soldats (*galiongis*) sont musulmans.

cheveux frisaient naturellement. On eût pu suivre dans son regard noble et fier le vol de ses pensées.

Mais un des hommes de sa suite, se jeta tout-à-coup devant lui, les mains jointes et le visage bouleversé d'effroi, en s'écriant :

— Milord ! milord ! nous sommes perdus ! Milord, au nom de Dieu ! O ma femme ! ma pauvre femme !

A ces paroles l'étranger tressaillit. Il abaissa les yeux, et promena sur le pont du bâtiment un regard étonné, comme s'il sortait d'un rêve.

— Qu'as-tu donc, Fletcher? dit-il.

— Oh ! nous sommes perdus ! répéta Fletcher, en se tordant les mains. C'est ici que nous devons périr, milord. Nous sommes perdus !

— Où est Hobhouse ? dit l'étranger.

— Me voici, répondit Hobhouse qui se trouvait près de lui. Puis lui prenant la main, et de son autre main montrant le ciel que déchiraient de lugubres éclairs, et les flots remués par l'ouragan :

Avouez, Harold, continua-t-il, que Dieu est un grand poète !

— Oh ! cela est beau ! répondit celui que l'on nommait Harold, en portant la main sur son front. Que sont nos misérables calques, en présence de pareils tableaux ! — O Hobhouse ! combien nous sommes petits, chétifs et impuissants avec notre génie ! Regarde comme cela est beau ! Regarde ces nuages noirs qui s'entr'ouvrent comme une bouche de volcan, ces vagues que le vent creuse et élève tour à tour, ce crépuscule sombre... Écoute cette voix de la mer, ces grondements de la foudre, ce tumulte plein d'effroi. Avons-nous des expressions ou des couleurs qui puissent rendre ces effets de la tempête ? Est-il un peintre ou un poète qui réussirait à nous en conserver une idée, un souvenir, un calque ? Et nous appellerions celui qui nous conserverait ce calque, un homme de génie ? Misère ! je brise ma plume !

— Non, Harold, vous ne briserez pas votre lyre, répondit Hobhouse, en souriant. Orphée ne doit pas songer à escalader le ciel.

M. Hobhouse qui paraissait vivre dans l'intimité de celui qu'il appelait Harold — nom sous lequel fut publié le *Pèlerinage* auquel se rapporte cette histoire [1] — était un homme au visage grave, à la parole douce et amie. Il regardait Harold, avec une sorte de vénération affectueuse. Quant à Fletcher, c'était un bon et dévoué serviteur. Tous trois vêtus à l'européenne étaient remarquables au milieu des matelots grecs et des marins turcs qui composaient le personnel de l'équipage le *Skiatho*. Harold avait à son service, outre Fletcher, enfant de la Grande-Bretagne, deux Albanais, l'un chrétien, l'autre musulman, qui se nommaient Basili et Dervich Tahiri.

L'équipage était dans l'épouvante, et n'essayait même plus de lutter contre la tempête. Les galiongis se recommandaient à Allah, les matelots grecs invoquaient tous les saints. Fletcher appelait sa femme à grands cris.

— Vois donc, disait Harold, vois ce pauvre Fletcher qui à Londres ne peut vivre en paix avec sa femme ; vois ces misérables matelots qui gémissent tout le jour sous le bâton. — N'est-ce pas une pitié, un blasphème que ces larmes de regrets, que ces plaintes de leur part? Ne croirait-on pas que la

[1] Le Pèlerinage de Childe-Harold.

souffrance a plus que le bonheur le triste privilége d'attacher à la vie? ces gens peuvent-ils donc être plus malheureux dans la mort qu'ils ne le sont sur la terre?...

— *That is the question*, milord, répondit Hobhouse.

— Oui, oui, reprit Harold, le tombeau nous épouvante, nous sommes des enfants! C'est le propre de notre esprit de supposer désordre et ténèbres, là où nous ne savons pas ce qu'il y a de positif. Ce n'est pas la douleur que nous craignons dans la mort, Hobhouse, c'est le néant!

— C'est de ne plus vivre, oui milord, votre parole est sublime de vérité.

Mais le *Skiatho* s'arrêta tout-à-coup. Un immense gémissement retentit. Les galiongis et les matelots grecs roulèrent confusément les uns sur les autres, sous l'impulsion d'une secousse terrible. Le bâtiment était à demi renversé, il se redressa, retomba, puis il parut prendre assiette, et garda une sorte d'immobilité.

Une voie d'eau était ouverte. Le capitan cria :

— Aux pompes!

Tandis que les matelots se précipitaient dans la

cale, les galiongis s'occupèrent de couper les mâts à demi brisés, et qui offraient une prise à l'ouragan.

Basili s'employa au service des pompes, Dervich Tahiri s'arma d'une hache, et grimpa aux cordages, afin d'attaquer le grand mât à l'endroit de sa rupture. Quant à Fletcher la frayeur le pétrifiait. Cependant Dervich avait à peine atteint le milieu du mât de misaine, qu'un coup de vent irrésistible l'emporta par dessus le bord. Il fit un cri, et tomba à la mer.

Harold lui cria :

— Courage !

Et il se jeta au secours du malheureux.

Il n'était pas de danger susceptible d'effrayer Harold, et la mer, avec ses orages, avait souvent bercé sa rêverie inquiète. Mais Hobhouse en le voyant s'y jeter dans un pareil moment sentit ses cheveux se dresser. Il prit un câble, le noua autour de lui par une extrémité ; y attacha à l'autre extrémité un fanal qu'il descendit le long du bâtiment. Puis il appela de toutes ses forces. Mais le bruit de l'ouragan couvrait sa voix.

Cependant, outre les étrangers, les galiongis et

matelots grecs, le *Skiatho* avait à son bord plusieurs jeunes filles esclaves, destinées au harem de sa Hautesse. Les malheureuses, enfermées loin des regards, avaient été dès le premier moment de l'orage, inondées dans leur chambre par l'eau de la mer. On ne s'était décidé à les délivrer qu'à la dernière extrémité. Suleyman, le marchand, sous la conduite duquel elles voyageaient, avait inutilement essayé de les parquer dans une autre chambre; elles s'étaient échappées au milieu de la confusion. Or, une d'elles, frêle jeune fille, qui nonchalamment assise sur un banc du tillac, semblait regarder l'orage avec un sourire de joie funeste, avait tressailli à l'action d'Harold. Elle s'était levée et approchée du bord; puis la malheureuse se redressant, comme éclairée par une pensée soudaine de désespoir, s'était élancée à la mer. Hobhouse aperçut à la lueur des éclairs ses vêtements qui flottaient sur l'eau. Suleyman s'approcha de lui.

— Affendi, lui dit le marchand, d'une voix altérée, cette esclave me coûte mille sequins, je te donne trois cents roubies si tu la sauves.

Hobhouse n'entendit pas, ou ne comprit pas. Il regardait comme dans un rêve le terrible spectacle qui se déroulait devant ses yeux. Tout-à-coup, il sentit le câble qu'il avait noué autour de lui, se raidir. Il y porta les mains et appela plusieurs matelots à son aide. Le câble fut tiré. Harold, soutenant entre ses bras la jeune esclave évanouie, remonta sur le pont.

Harold était épuisé de lassitude. Il s'appuya contre la barre du tillac et se prit à regarder celle qu'il avait sauvée. Puis il dit :

— Ce pauvre Dervich est perdu. Je l'ai vu disparaître loin de moi ; et si cette jeune fille ne m'était pas tombée sur les épaules, je serais remonté les mains vides. Quelle est cette jeune fille ? demanda-t-il ensuite en langue franque.

— Eminedh, la fille de Scombi, le chef des Arnautes rebelles, répondit Suleyman, je l'ai achetée mille sequins, et c'était mille sequins que je perdais si elle se fût noyée. Suleyman te remercie, affendi.

Harold regarda la jeune esclave et le marchand avec surprise.

— Mais son père ? demanda-t-il.

— Scombi a été tué, répondit Suleyman.

— Et sa mère ?

— Voici la deuxième fois qu'Eminedh tente de me faire perdre mes mille sequins, je crois qu'elle regrette sa mère.

— Eh bien, Suleyman, reprit Harold, il faut que cette jeune fille, que j'ai sauvée de la mort, redevienne libre; il faut la rendre à sa mère. Je te donnerai mille sequins.

— Impossible, affendi.

— Pourquoi cela?

— Parce que si j'ai acheté Eminedh mille sequins, je la vendrai quinze cents à sa Hautesse.

— Mais je l'ai sauvée. Et sans moi, tes quinze cents sequins seraient avec elle au fond des eaux.

— Oui, affendi, répondit Suleyman, qui s'occupait de rappeler la jeune esclave à la vie.

— Eh bien? reprit Harold.

— Eh bien, je ne te demande rien, affendi.

— Tu la rendras donc à sa mère ?

— Non, affendi, je la vendrai à sa Hautesse.

A cette réponse de l'impitoyable marchand, Harold tressaillit. Il se retourna du côté de Hobhouse, et lui dit en anglais :

— Le Shilock de notre grand Shakspeare, n'était-il pas un écolier près de ce Turc?

Cependant Eminedh ne revenait pas au sentiment. Suleyman s'était armé d'un fanal, et penché sur elle, il s'efforçait de voir en lui ouvrant les yeux, si la vie l'avait quittée. Il releva la tête et regarda Harold.

Harold lui dit :

— Suleyman, cette jeune fille voulait mourir, je l'ai sauvée. Je ne veux pas qu'en revenant au jour, elle maudisse son sauveur. Je te donnerai les quinze cents sequins que tu en attends.

Le marchand parut réfléchir, puis il répéta :

— Impossible, affendi.

— Comment cela ?

— Sa Hautesse nous défend de vendre des esclaves aux giaours [1].

— Suleyman, je ne te l'achète pas. Je la délivre pour la rendre à sa mère.

— Affendi, sa Hautesse me condamnerait à lui payer cinq cents sequins ; si tu veux les ajouter au prix, cette esclave est à toi.

— C'est bien, répondit Harold. Mais je crois que nous réglerons ce marché en enfer, Suleyman.

[1] Mécréants, chrétiens.

Voici la tempête qui redouble. Si tu as sur la conscience beaucoup de trafics pareils à celui-ci, tu ferais bien, je crois, de prier Allah.

— Oui, affendi, répondit Suleyman.

A ces paroles, le marchand se leva, regarda autour de lui, puis il alla chercher quatre galiongis, qu'il amena, bon gré mal gré, près du corps d'Eminedh, étendue sans mouvement. Devant ses témoins, il fit prendre à Harold l'engagement de lui payer deux mille sequins pour prix de la fille de Scombi, au cas où Allah les sauverait du naufrage. Puis le traité de rachat conclu suivant les forme, il dit :

— Affendi, pendant que je vais prier Allah, tu ferais bien de rejeter à la mer Eminedh, fille de Scombi, car elle est morte.

— Morte! oh! non, s'écria Harold, en se penchant sur la jeune fille.

— Affendi, je ne te l'aurais pas donnée vivante pour mille tomans, Eminedh était la perle des vierges de l'Albanie. Mais Allah est Dieu. Puisses-tu vivre de longues années!

La pauvre Eminedh paraissait effectivement privée de vie; et il était impossible de lui administrer aucun secours, au milieu du terrible désordre qui régnait sur le vaisseau. Cependant Harold parvint à se procurer une capote — la sienne était disparue tandis qu'il plongeait à la recherche de Dervich — il en enveloppa Eminedh. Mais il dut aussitôt regarder comme inutile cette précaution suprême. Une montagne de vagues fondit tout-à-coup sur le *Skiatho* et l'éventra. Le vent soufflait avec fureur. Les galiongis, couchés à plat ventre sur le tillac, mêlaient leurs plaintes désespérées au fracas de l'ouragan. De violentes bourrasques traversaient l'air avec une force irrésistible, en rasant la surface du pont. Pris dans un de ces tourbillons, Harold qui se tenait debout près d'Eminedh, fut entraîné. Les galiongis poussèrent un cri de frayeur. Mais Suleyman plus prompt que la pensée se jeta au devant d'Harold, et l'arrêta sur le bord de l'abîme en s'écriant :

— Affendi ! affendi ! et mes deux mille sequins !

Harold, retenu par le marchand, reprit pied.

— Qu'Eminedh soit morte ou revienne à la vie, je te donnerai tes deux mille sequins, dit-il, tout en songeant qu'il peut être quelquefois avantageux d'avoir pour créanciers des Turcs de la trempe de

Suleyman. Je te donnerai tes deux mille sequins, répéta-t-il.

— Oui, affendi. Mais il faudrait te coucher comme nous sur le pont, dit le marchand avec sollicitude, car la tempête est forte, et l'obscurité noire.

A ces mots, Suleyman se dépouilla d'une capote qui lui couvrait les épaules, et la remit à Harold. Il dit :

— Enveloppe-toi.

Harold, prit le vêtement, et tout en s'en couvrant y jeta un coup d'œil.

— Mais cette capote albanaise m'appartient? dit-il.

— Oui, affendi, répondit le marchand, je te la donne.

— C'est trop généreux à toi, Suleyman, de me donner mon bien, il suffit que tu me le rendes.

Le marchand sourit, et fit un signe de tête.

Le *Skiatho* faisait eau de toutes parts et s'enfonçait de moment en moment.

Harold, enveloppé dans la capote albanaise, se coucha sur le pont, et s'endormit bercé au roulis des lames, entre Eminedh privée de connaissance, et Suleyman qui veillait sur lui.

Quand il rouvrit les yeux, le soleil avait reparu sur l'horizon, les nuages du ciel s'étaient repliés, la mer était calme et silencieuse. Mais les galiongis n'étaient pas encore rassurés. Le *Skiatho* avait échoué sur les côtes de Souli, dont on voyait les habitants lancer leurs canots à la mer; peut-être venaient-ils apporter le pillage et la mort aux malheureux naufragés.

Mais dans le canot qui s'avança le premier, Harold reconnut Dervich-Tahiri, l'Albanais, que la tempête avait jeté pendant la nuit sur le rivage. Les galiongis tombèrent à genoux. Quelques heures après, tout ce qui se trouvait à bord du *Skiatho* était transporté à terre.

II

Harold fut reçu par Stylo Bessiaris, primat de Souli.

Il fit transporter chez son hôte la pauvre Eminedh qui à la grande surprise de Suleyman revint à la vie. Il régla avec le marchand, moyennant le prix de deux mille sequins, qu'il lui paya en traites sur un banquier anglais de Patras. Suleyman prétendit bien qu'il avait vendu la fille de Scombi morte, et que puisqu'elle vivait le prix en était encore à faire. Mais les galiongis devant lesquels avait été conclu le marché, certifièrent que la condition de mort, n'avait pas été énoncée. Suleyman fut obligé de se contenter des deux mille sequins. Il jura que le giaour se repentirait de son manque de foi.

Quand Eminedh fut remise, Harold lui annonça qu'elle était libre de retourner près de sa mère. Cette nouvelle combla d'étonnement et de bonheur la pauvre jeune fille. Dans l'effusion de sa reconnaissance, elle saisit la main d'Harold, et la pressa sur sa poitrine. Des larmes coulaient le long de ses joues.

Eminedh était mince et élancée, mais tout en elle respirait l'énergie. Son teint était brun. Elle avait de longs cheveux noirs, dont elle eût pu s'envelopper comme d'un manteau. Ses yeux pleins de candeur lançaient des regards de flamme. Rien de beau comme cette fière Albanaise, lorsque relevant son front humilié, elle remerciait Harold de l'avoir sauvée de l'avenir de douleur et de honte que lui préparait Suleyman.

Stylo Bessiaris remplit à l'égard d'Harold les devoirs de l'hospitalité. Cependant au moment où Eminedh avait été transportée du bâtiment naufragé dans la demeure du primat, il y avait eu un sombre frémissement parmi les membres de la famille de Stylo. Marcos, le fils du frère de Bessiaris, avait même, à la vue d'Eminedh, porté la main sur le manche de son poignard comme en proie à une pensée de meurtre; le regard du primat l'avait arrêté. Harold avait remarqué le geste du neveu, et le regard de l'oncle. Mais il se trouvait sous le ciel des Pélopides, parmi « *ces enfants du soleil pour qui la vengeance est une vertu.* » Bessiaris lui avait dit que la famille de Scombi était alliée à la sienne. Il pensa que cette alliance avait sans doute engendré une de ces haines fraternelles et implacables, si fréquentes chez les peuples incultes.

L'accueil du vieux primat fut, du reste, pour Harold et les hommes de sa suite rempli de prévenances et de bonté.

Le soir, après la collation d'olives fraîches et de pâtisseries enduites de miel, qui termina la journée, Bessiaris réunit ses enfants et les étrangers autour de lui. C'était dans une vaste salle, décorée pour tout ornement de panoplies appendues aux murailles.

Un esclave apporta le café et les pipes. Bessiaris

s'assit. Puis lorsque chacun eut pris place à ses côtés, il demanda à Harold, d'un ton affectueux et paternel, pourquoi si jeune, il avait quitté son pays.

Harold exposa alors son dessein de visiter l'Albanie, la Grèce et la Turquie, mais Stylo ne parut pas comprendre l'objet de ce voyage, entrepris dans un but d'étude et de curiosité. Cependant pour répondre à la confiance que lui témoignait son hôte, le primat lui donna des conseils afin qu'il eût à se garder des embûches que les Klephtes [1] ne manqueraient pas de lui tendre en route.

— Évite, autant qu'il se pourra, de t'engager dans nos montagnes, lui dit-il, car tu rencontrerais la bande du terrible Suleyman.

Le nom de Suleyman rappelait à Harold, la fille de Scombi. Témoin de l'effet que la présence inattendue d'Eminedh avait produit sur Marcos, il craignit d'évoquer de nouveau par une question indiscrète, un souvenir pénible. Cependant il ne put s'empêcher de demander au primat, si Suleyman, ce chef des Klephtes dont il parlait, était le marchand d'esclaves.

[1] Klephtes : voleurs.

— C'est lui, répondit le primat, il nous enlève nos filles et nos femmes qu'il vend en esclavage.

Et comme Harold s'étonnait qu'on ne s'en fût pas rendu maître le matin, lorsqu'il avait traversé Souli, Bessiaris reprit :

— Il n'est pas seul. Un autre le remplace dans ses expéditions sanglantes ; et si Suleyman est avide d'or, Selictar, son lieutenant, ne semble songer qu'à tuer ; c'est un chacal des ruines. Je suis vieux, je l'ai poursuivi dans les montagnes, mais il a fui devant moi. C'est lui dont le souvenir a frappé d'égarement la fille de Scombi et causé le malheur de nos familles.

Harold regarda Marcos qui, aux paroles de Bessiaris, tourmentait machinalement le manche de son poignard.

— Mon père, laissons Selictar, dit un des fils de Stylo, n'attristons pas la pensée de notre hôte. Parlons des chasses de la forêt de Cisar.

— Je chasserai Selictar et ses brigands à coups de carabine, dit le vieux primat. Marcos, tu seras vengé !

— Marcos saura venger l'injure que lui a faite

Eminedh, fille de Scombi, répondit le neveu d'une voix frémissante. Mon père, merci!

Il y eut une pause.

Bessiaris regarda Marcos, dont les yeux étincelaient dans l'ombre comme la prunelle d'un tigre.

— Scombi est mort, reprit lentement le vieillard. Trop de sang a été répandu. C'est contre Selictar qu'il faut tourner nos cimeterres, mon fils, et non pas contre la vierge d'Elvina.

Marcos garda le silence. Il mordait convulsivement le bout d'ambre de sa chibouque, et levait de moment en moment sur Harold son regard rempli de menace.

Bessiaris poursuivit, en s'adressant à Harold.

— Généreux étranger, vous avez sauvé de la mort et racheté de l'esclavage Eminedh, fille de Scombi; que le Dieu des chrétiens vous récompense!

Harold désirait connaître l'histoire d'Eminedh, il demanda comment elle était tombée au pouvoir de Suleyman.

— « Suleyman est marchand d'esclaves, répondit le vieux primat, et Eminedh est la plus belle fille de l'Albanie. Suleyman la guettait comme l'épervier guette la jeune hirondelle. Or, voici ce qui arriva : Scombi habitait sur le versant du mont Elvina, une tour de pierre construite par ses aïeux. Au bas de cette tour s'étendait son domaine qui, bien qu'environné de hautes murailles, n'était pas à l'abri de l'attaque des Klephtes. Scombi était un chef puissant et riche, il possédait plusieurs centaines de moutons, des chèvres et près de cinquante mulets; en outre il n'était bruit que de la beauté de la vierge d'Elvina. Pour garder le trésor de sa fille, Scombi avait armé ses fils et les schypetars employés au service de sa maison. Cependant Suleyman parcourait la montagne; une nuit, un schypetar traître, l'introduisit avec sa bande dans le domaine de Scombi ; les chiens avaient été endormis avec des gâteaux d'opium ; mais le cri d'alarme fut poussé par un schypetar fidèle éveillé en sursaut. Cette nuit-là, Suleyman ne put emporter que quelques moutons ; encore laissa-t-il un des siens prisonnier au domaine d'Elvina. Pendant plusieurs mois les Klephtes abandonnèrent la montagne.

Scombi profita de ce temps de trêve pour se

rendre à Yanina afin d'y renouveler ses munitions. Mais Suleyman reparut tout à coup ; il attaqua de vive force Elvina, et parvint à y entrer malgré le courage des fils et des serviteurs de Scombi. Cependant Ferrato Bessiaris, mon frère, dont le domaine se trouvait à une portée de carabine, arriva à la tête des siens. Les Klephtes pris entre les hommes de Ferrato et les fils de Scombi furent massacrés ; Suleyman se sauva par-dessus les murailles. Le soir de ce jour Eminedh se promenait dans le parc d'Elvina, encore émue de la terrible scène du matin, lorsqu'elle aperçut un homme étendu sans mouvement au pied d'un arbre. Elle s'en approcha. Cette homme avait à la tête une blessure profonde, il paraissait mort. Eminedh alla prévenir ses frères et revint avec eux, mais l'homme avait disparu ; il fut impossible de le retrouver.

» Ce fut quelques mois après cet événement que Ferrato demanda à Scombi la main d'Eminedh pour son fils. Scombi engagea sa parole et reçut mille sequins. L'époque du mariage fut fixée, rien ne semblait devoir troubler l'union de Marcos. Cependant, au jour indiqué, Eminedh fut amenée devant lui. Elle se prosterna suivant la coutume, baisa la main du fils de Ferrato et déposa à ses pieds un sac et une corde. Après la cérémonie, Marcos releva Eminedh dont il écarta le voile, mais Eminedh le regarda fixement et tout à coup poussa un cri et s'enfuit.

» Le lendemain Scombi fit dire à Ferrato qu'Eminedh ne pouvait pas épouser Marcos. Ferrato lui fit répondre que la cérémonie du mariage avait eu lieu, qu'Eminedh était la femme de son fils. Cependant Scombi renvoya les mille sequins de dot qu'il avait reçus et garda Eminedh.

» Plusieurs jours s'écoulèrent en pourparlers. Scombi, pressé enfin d'expliquer ses refus opiniâtres, répondit : que Marcos était le klephte de la bande de Suleyman qu'Eminedh avait trouvé au pied d'un arbre le soir de la dernière attaque, et en qui elle avait reconnu Selictar ; que jamais sa fille n'épouserait Selictar ! »

A ce moment le vieux primat s'interrompit. Il passa la main sur son front et regarda son neveu, dont le visage livide était inondé de gouttelettes de sueur. Marcos fit un geste comme s'il eût voulu parler, mais Bessiaris reprit aussitôt :

« Rompre le mariage, accuser Marcos d'être un

klephte, c'était joindre l'insulte à la violation du serment : ainsi le pensa Ferrato. Il arma ses fils et la guerre commença entre les deux familles. Cette guerre ne devait finir que par l'extinction de l'une des maisons rivales, elle dura vingt mois. Eminedh elle-même, Eminedh, que son père avait habituée dès l'enfance aux fatigues de la chasse, prit les armes, tant l'irritation était vive. Montée sur un cheval de guerre, elle suivait Scombi dans la plaine et le remplaçait quand il était blessé. C'était une lutte sans merci. Les fils de Ferrato y trouvèrent la mort. Marcos et son père survécurent seuls pour un dernier combat ; mais dans ce combat le domaine d'Elvina fut pris d'assaut, Scombi fut tué, et de sa puissante famille il ne resta plus qu'Eminedh et sa mère. Cependant Suleyman errait dans la montagne en attendant l'heure du pillage. Dès que les portes d'Elvina furent ouvertes, il attaqua les hommes de Ferrato qui se dispersèrent épuisés par la fatigue d'une lutte acharnée. Les Klephtes, maîtres du domaine de Scombi, le ravagèrent de fond en comble, et emmenèrent Eminedh. »

A ces dernières paroles le vénérable primat s'interrompit de nouveau. Harold l'écoutait avec attention, le silence de la salle était solennel.

Bessiaris reprit après un moment :

« Puisse la malheureuse Eminedh retrouver sa mère ! Trop de sang expia l'erreur de sa pensée. »

Marcos, tout le temps de ce récit, avait paru agité d'un frissonnement nerveux ; quand Stylo eut cessé de parler, il se leva et sortit de la chambre.

Cependant les hommes que le primat avait chargés de reconduire Eminedh près de sa mère, revinrent et annoncèrent que la pauvre femme était à l'extrémité.

Harold resta plusieurs jours encore à Souli dont il explora les environs, puis il se prépara au départ. Le primat lui donna une escorte de cavaliers pour traverser les montagnes ; et lorsqu'Harold voulut reconnaître par un présent les attentions dont il avait été l'objet :

— Je veux ton amitié, lui répondit Bessiaris, et non pas tes présents.

Toutefois, le matin du jour fixé pour le départ, Harold reçut la visite d'un jeune homme qui lui demanda la faveur d'être attaché à son service. Ce jeune homme ne paraissait pas avoir plus de quinze ans, son visage bruni était sans barbe et d'une beauté peut-être un peu féminine ; néanmoins son regard étincelait d'audace. Il était vêtu du costume des Albanais Toxides ; un poignard et une paire de pistolets, richement travaillés, brillaient à sa ceinture. Son habit était brodé d'or, une capote blanche, attachée sur son épaule, l'enveloppait à demi de ses plis et donnait à son maintien un air de fierté héroïque ; un schall rouge était noué autour de sa tête. Harold, frappé de la bonne tenue de ce jeune homme, et peut-être intéressé par un souvenir de vague ressemblance, pensa un moment à le prendre avec lui, mais sa suite était déjà très-nombreuse, il le lui dit.

Le jeune homme parut consterné. Cependant il répondit :

— Aswad veillera sur toi. Sois heureux !

A ces mots il se retira.

Harold eut regret de le laisser partir, mais distrait par l'arrivée de Hobhouse qui vint le prévenir que le primat et les cavaliers souliotes l'attendaient devant la forteresse avec Fletcher, Basili et Dervich, il s'enveloppa de son manteau, s'arma et descendit au-devant de Bessiaris.

Bessiaris lui renouvela ses conseils afin qu'il prît garde aux embûches des Klephtes de Suleyman. Il lui dit que du reste il se proposait d'aller le jour même en expédition contre eux à la tête d'une troupe d'Albanais, et lui souhaita un heureux voyage.

Peu de moments après, Harold donna le signal du départ.

III

L'escorte d'Harold se composait de six cavaliers souliotes. Il était en outre suivi de Basili, de Dervich et de Fletcher. Hobhouse marchait à son côté. Ils s'engagèrent dans les gorges des montagnes de Souli. Harold se rendait à Yanina où régnait le terrible Ali-Pacha.

Les premières heures du voyage ne furent traversées par aucun incident. Le soleil se levait à l'horizon et dorait les pics noirs des hautes montagnes. Le ciel était pur, l'atmosphère tranquille. Harold avait mis son cheval au pas, il admirait les sites qui se déroulaient à chaque moment devant lui. La marche était lente, réfléchie, silencieuse.

Cependant Dervich piqua tout à coup sa monture et s'approcha d'Harold.

— Affendi, lui dit-il, il y a devant nous un cavalier qui marche dans notre chemin.

Harold regarda sur la route avec attention, mais si loin que son regard put s'étendre il n'aperçut personne.

— Où vois-tu donc un cavalier ? demanda-t-il.

— Je ne le vois pas, répondit Dervich, j'entends le pas de son cheval.

Harold et son escorte s'arrêtèrent et tendirent l'oreille en silence.

Après un moment, Hobhouse dit :

— Je n'entends rien.

Mais Dervich reprit, la main à son oreille :

— Ce cavalier se trouve à trois portées de carabine ; il marche, depuis notre entrée dans la montagne, du même pas que nous. Le rocher qui s'avance là-bas sur le chemin nous le cache sans doute. J'espérais le voir paraître, mais il ne paraît pas, il évite de se montrer. Ce cavalier ne peut être un ami.

— Et si ce n'est pas un ennemi, qu'importe! C'est peut-être un voyageur qui se rend comme nous à Yanina, Dervich, en supposant toutefois que tes oreilles ne te trompent pas.

— Affendi, un voyageur ne traverse pas seul ces montagnes, où les Klephtes ont établi leur refuge, à moins de n'avoir rien à craindre de leur part. Ce cavalier ne peut ignorer que nous sommes derrière lui, il ne se montre pas, il évite de se montrer : ce doit être un Klephte qui attend que nous nous trouvions engagés plus avant dans les ravins pour donner le signal de nous attaquer.

— Mais qui te fait supposer que ce cavalier, si tant est qu'il existe autre part que dans ton imagination, sait que nous sommes derrière lui. Pourquoi le croire Klephte ? Pourquoi ne serait-ce pas simplement un malheureux qui voyage seul faute de pouvoir se faire accompagner ?

— Affendi, il s'arrête, répondit Dervich qui tenait toujours la main à son oreille, j'entends son cheval qui bat la terre.

Les Souliotes, Basili, Fletcher, Hobhouse et Harold écoutèrent en silence et n'entendirent rien. Cependant le calme de l'air était profond. Il semblait impossible qu'un bruit, si faible qu'il fût, échappât à l'attention inquiète de tant de personnes réunies. Harold commençait à croire que Dervich était le jouet d'une hallucination; il le lui fit observer. Mais Basili qui avait précédemment voyagé en compagnie de Dervich, répondit que celui-ci était doué d'une *seconde ouie*, et qu'on devait le croire parce que l'événement n'avait jamais trompé ses révélations. La pâleur qui couvrait le visage de Basili, témoignait que pour lui il ajoutait pleinement foi aux pressentiments de Dervich. Harold avait entendu citer, pendant le cours de ses expéditions, d'étranges exemples de cette finesse d'oreille, développée du reste à un point surprenant chez tous les peuples sauvages.

— Si ce cavalier est un Klephte, dit-il, et qu'il nous prépare un guet-apens, armons nos pistolets et tirons nos cimeterres, du moins nous ne serons pas surpris.

Les Souliotes mirent le cimeterre au poing, puis l'on entendit claquer les batteries des pistolets.

— Maintenant, dit Dervich, prévenons-le que nous sommes sur nos gardes : ainsi nous éviterons d'être attaqués.

A ces mots et avant qu'Harold l'en eût empêché, Dervich tira un coup de feu, comme en défi au mystérieux cavalier dont lui seul attestait l'existence.

Il y eut un moment d'attente silencieuse.

L'escorte se trouvait arrêtée au milieu d'un chemin encaissé à droite et à gauche par deux murailles de rochers, dont l'écho renvoya le bruit de l'explosion. Des oiseaux de mer qui se tenaient blottis dans les anfractuosités des rochers, prirent leur vol et s'élevèrent en poussant des cris rauques jusqu'à la ligne supérieure de la montagne éclairée par les rayons du soleil.

Les Souliotes, Hobhouse, Basili, Fletcher et Dervich, penchés sur leur chevaux, regardaient en avant de la route, le cou tendu et l'oreille attentive ; Harold avait levé les yeux sur les oiseaux de mer qui voltigeaient çà et là avec incertitude.

— Vois, Dervich, dit-il, tu as effrayé ces pauvres goëlands en jetant ta poudre aux Klephtes.

Mais Dervich fit un signe de la main et dit :

— Il vient !

A ces paroles, la troupe tressaillit d'étonnement. Bientôt on entendit distinctement le bruit des pas d'un cheval. Un cavalier, dont la capote blanche flottait sur les épaules, apparut à l'extrémité du chemin. Il arrivait à toute bride. Un turban rouge couvrait sa tête. Il avait mis hors du fourreau son cimeterre. Un nuage de poudre s'élevait derrière lui. Dervich avait cru que son coup de feu déterminerait ce cavalier suspect, quel qu'il fût, voyageur ou Klephte, à s'éloigner de la route, aussi n'était-il pas peu surpris. Il jeta de tous côtés un rapide coup d'œil afin de s'assurer que la troupe n'était pas cernée, puis il se porta en avant.

Dervich était un guide non moins expérimenté que brave, Harold avait pleine confiance en son dévouement, il lui avait donné le commandement de l'escorte.

Le cavalier accourait à fond de train. Dervich éperonna sa monture et marcha contre lui à la tête des Souliotes. Mais le cavalier, plus prompt que la pensée, fondit sur le groupe qui lui barrait le chemin, fit sauter de la lame de son cimeterre le pistolet de Dervich, et, passant comme l'éclair au milieu des Souliotes stupéfaits, il arriva devant Harold.

Il rentra son cimeterre au fourreau, mit la main

sur sa poitrine, et dit d'une voix humble et soumise :

— Affendi, Aswad a cru que les Klephtes de Suleyman t'attaquaient, et il est venu. Aswad s'est dévoué à toi !

Harold considéra ce cavalier avec surprise, il reconnaissait en lui le jeune homme qui, au moment du départ, lui avait demandé la faveur d'être attaché à son service.

— Aswad, lui dit-il, je voudrais avoir des titres au dévouement que tu me témoignes, mais il me semble que je n'ai pas été assez heureux pour te rencontrer sur ma route avant aujourd'hui.

— Tu m'as rencontré, répondit Aswad, et ma vie est à toi ! Puisses-tu vivre de longues années !

Harold regarda plus attentivement le cavalier.

— Je t'ai rencontré ? reprit-il avec incertitude. Oui, en effet ton visage ne m'est pas inconnu, mais où ? en quelle circonstance ?

A cette question Aswad baissa les yeux, une vive rougeur colora son front.

— Ma vie est à toi, balbutia-t-il. Permets que je reste près de toi, que je te défende ! Je serai ton esclave, mais laisse-moi mon secret.

— C'est bien, répondit Harold, reste avec nous, Aswad, sois des nôtres.

Dervich s'était rapproché, Dervich que le cavalier avait si lestement désarmé.... Il le considéra avec défiance. Sans doute il pensa que ce pouvait être un émissaire des Klephtes, arrivant d'un air humble et soumis, dans un but de trahison.

— Le serpent, dit-il d'un ton sentencieux, se glisse à plat ventre vers son ennemi, mais son regard ne trompe pas.

A ces mots, Aswad tressaillit. Il jeta sur Dervich un coup d'œil de colère. Mais Harold lança son cheval au galop, le jeune homme le suivit et l'escorte s'ébranla.

Dervich marchait derrière Aswad et le surveillait attentivement.

La troupe galopait en silence.

Le soleil montait sur l'horizon. L'air était doux et calme. Pas un nuage ne voilait le bleu du ciel. Le bruit des pas des chevaux retentissait sur le chemin solitaire. Ce chemin, tantôt large, tantôt resserré comme une étroite ruelle entre deux murailles de rochers, s'élevait quelquefois jusqu'au sommet d'un plateau de verdure, d'où le regard découvrait les plus riantes perspectives ; d'autres fois il s'enfonçait, avec mille détours, dans les entrailles ténébreuses de la montagne. Des buissons, des arbustes, de grands arbres revêtus, dans ce beau pays, d'un feuillage éternel, couraient le long de la route ou grimpaient aux flancs noirs des rochers de granit.

Harold galopait en avant de l'escorte, le front penché sur la poitrine, le regard fixe, préoccupé. Il semblait ne pas s'inquiéter du chemin qu'il suivait. Aswad se pressait sur ses pas. Attentif au moindre bruit, Aswad se redressait convulsivement sur sa monture lorsque la brise venait à froisser les buissons du bord de la route. Cependant Dervich ne quittait pas des yeux le jeune homme, il portait à chacun de ses gestes la main sur la crosse de son pistolet.

Mais Aswad éperonna tout à coup son cheval et se jeta au devant d'Harold.

— Affendi, lui dit-il, écoute ton esclave. Permets qu'Aswad marche devant toi, ou la balle des Kephtes t'atteindra le premier.

Harold s'arrêta et Dervich accourut.

Il examina le jeune homme. La réflexion avait sans doute grandi ses soupçons. Son regard était plein de défiance et de menaces.

— Oui, le conseil est prudent, dit-il avec amertume.

Et s'adressant à Harold :

— Mais le traître pourrait s'échapper après avoir trahi, continua-t-il. Affendi, c'est moi qui marcherai devant toi.

Le rouge monta au visage d'Aswad. Il porta brusquement la main sur son poignard, mais s'arrêta aussitôt.

— Qui que tu sois, dit-il d'une voix tremblante, tes paroles qui me blessent au cœur, ne peuvent cependant pas m'irriter contre toi, car je les attribue à ton dévouement.

L'Albanais fit un sourire incertain.

— Dervich, dit Harold d'un ton ferme, j'ai confiance en la fidélité d'Aswad, que tes soupçons n'aillent pas plus loin.

— Allah est Dieu ! répondit Dervich, celui qui doit succomber sous les coups de la trahison ne peut être sauvé : c'est écrit !

La troupe se remit en marche en silence, mais

elle s'arrêta presqu'aussitôt. Elle était arrivée dans une charmante vallée, tapissée de verdure et semée de bouquets d'arbustes embaumés. Il était environ midi. Le soleil au zénith, inondait l'espace de lumière. Ses rayons descendaient dans le creux de la vallée et venaient se briser sur une nappe d'eau qui, se précipitant de la cime d'un rocher, semblait une cataracte de cristal en fusion.

Harold, frappé du magique coup d'œil que présentait ce délicieux endroit, voulut y goûter un moment de repos. Il fit faire halte à l'escorte et mit pied à terre.

La troupe n'avait pas mangé depuis le matin. L'instant était venu de prendre un peu de nourriture. On lia les chevaux aux troncs des arbres de manière à ce qu'ils pussent tondre le gazon; puis chacun prit place au bord du ruisseau qui serpentait capricieusement dans la plaine. Les vivres furent distribués. Ces vivres se composaient de fruits secs, de gâteaux de riz et de pièces de pâtisserie. Les Souliotes avaient couché près d'eux leurs carabine afin d'être prêts au premier appel du danger. Ils s'étaient assis, les jambes croisées. Leur gravité orientale, leur costume, leur attitude pittoresque dans le cadre de verdure de ce vallon, plein de lumière et de parfums, présentaient un coup d'œil enchanteur.

— Le délicieux repas! dit Harold à Hobhouse, on vivrait dans ce beau pays des émotions que l'on éprouve.

— Sans doute, répondit Hobhouse en portant à sa bouche un gâteau de riz, mais ces émotions étouffent, il nous manque pour les faire passer de l'eau de soude (Seltz) et du vin du Rhin, Harold.

— Ah! Hobhouse, le vin du Rhin et l'eau de soude sont bons à prendre dans une cabane de plâtre à Londres ou à Paris, alors que la poitrine n'a plus de quoi respirer, mais ici! — Vois Fletcher, il n'est pas de ton avis, je suis sûr.

— Ces fruits secs sont en effet succulents, milord, répondit Fletcher, et le repas serait tout à fait selon mon goût, si nous avions seulement pour dessert quelques bons roasbeefs, quelques beefsteaks, un pouding et des pommes de terre.

Et Fletcher satisfait de sa réponse, entama bravement une pièce de pâtisserie.

Aswad ne mangeait pas. Le front soucieux, le regard triste, il considérait Harold. Le pauvre jeune homme paraissait accablé de fatigue, de souffrance ou de chagrin. Son visage était pâle et creusé. Ses yeux étincelaient mais d'un éclat fébrile. Il y avait sur ses joues amaigries, comme la trace de larmes récentes. Sa poitrine se soulevait et des soupirs étouffés s'entrechoquaient dans sa gorge.

— Aswad, dit Harold, nous avons un long chemin à parcourir, il faudrait manger un peu.

— J'ai mangé, répondit Aswad en tressaillant, merci, affendi.

Cependant une multitude d'abeilles tourbillonnaient au-dessus de la tête des convives et venaient piquer les provisions étalées sur le gazon.

— Voici sans doute des émigrées du mont Hymète, dit Hobhouse. Je serais curieux de voir si elles soutiennent la classique réputation de leurs aïeules. Oui vraiment un gâteau de miel ne gâterait pas notre gâteau de riz. Qu'en pense Harold ?

Dervich se leva et chercha des yeux à découvrir d'où sortaient les abeilles.

— Je pense, répondit Harold, le regard levé sur les rochers. qu'elles ont prudemment établi leur colonie hors de la portée des Klephtes, Hobhouse, et qu'il faut nous contenter de nos gâteaux de riz.

Les abeilles sortaient en effet d'une large ouverture placée sur le flanc de la montagne, à une grande hauteur. On les voyait, aux rayons ardents du soleil, quitter cette espèce de grotte en nombreuses compagnies.

— Ah! c'est un peu haut, dit Dervich, et la route ne me paraît pas facile.

— Reste, dit Harold, qui voyait la mine de l'Albanais s'allonger comme celle du renard au raisin. Reste, ce gâteau de miel, quelque bon qu'il pût être, ne vaut certainement pas la peine que l'on se donnerait pour l'atteindre.

Mais Aswad s'était levé. Il s'élança aux derniers mots d'Harold, du côté de la montagne où se trouvait la grotte des abeilles, et se mit à grimper laborieusement sur les rochers.

Harold l'appela...

— Affendi! répondit le jeune homme, Aswad ne craint pas la mort. Il donnerait sa vie pour que tu lui dises : merci!

Les convives étaient silencieux. Ils contemplaient, le cœur serré, ce pauvre jeune homme qui, pour mériter un sourire de remerciement, s'exposait aux plus graves périls. Hobhouse se reprochait d'avoir témoigné le désir d'un gâteau de miel, Harold, de n'avoir pas empêché cette expédition insensée. Tout à coup le pied d'Aswad manqua. La troupe fit un cri. Harold, Hobhouse, Fletcher, Basili se levèrent. Aswad se raidissait, retenu par la main au bout d'une racine; il rayait, de ses pieds convulsifs, la surface noire du rocher. C'était un spectacle plein d'angoisse. La racine cassa. Aswad roula sur la pente de la montagne. C'en était fait de lui. Toutefois le malheureux jeune homme, dans cette chute vertigineuse, saisit miraculeusement la tige d'une plante assez solide pour l'arrêter. Il reprit pied et respira. Harold lui cria de redescendre. Mais Aswad, exalté à la voix d'Harold, se remit à grimper avec vigueur. Il escalada, comme par enchantement, l'espace qui le séparait de la grotte des abeilles. La troupe battit des mains transportée d'admiration. Aswad, arrêté sur le bord de la grotte, salua les convives dont les applaudissements arrivaient à peine jusqu'à lui. Puis il s'enveloppa la tête de son turban afin de se garantir des piqûres d'abeilles et disparut dans l'ouverture de la montagne. Il revint bientôt, redescendit; et les mains déchirées, étourdi, exténué, haletant, il présenta à Harold le gâteau de miel dont la conquête lui avait été si pénible. Des larmes de joie brillaient dans ses yeux, tandis que sa bouche essayait de sourire.

— La trahison ne saurait emprunter ton visage, Aswad, lui dit Harold, je n'avais pas besoin de cette preuve de ton dévouement, cependant elle me rend tes services plus chers. Tu resteras près de moi tout le temps que tu voudras.

— Merci, affendi, répondit Aswad d'une voix étouffée.

Et prenant la main d'Harold, il la pressa sur sa poitrine, puis la baisa respectueusement.

Cette scène touchante et douce avait un caractère primitif qui émut profondément Harold. Toutefois il y avait dans les yeux d'Aswad une flamme qu'il ne comprenait pas. Le jeune homme le contemplait avec extase, avec enthousiasme ; il paraissait lutter contre lui-même pour étouffer l'explosion des témoignages de son admiration. Accroupi devant Harold, il ne le quittait pas des yeux ; sa poitrine se soulevait et de tristes soupirs s'échappaient de ses lèvres en silence.

Cependant Dervich, jaloux de la prouesse d'Aswad, Dervich, qui croyait voir lui échapper la préférence qu'Harold lui avait toujours témoignée, se leva tout à coup, et dit :

— Affendi, il est quelqu'un de plus prévoyant que nous, c'est Allah ! Il est quelque chose de meilleur que le miel, c'est un bon fruit !

A cette étrange apostrophe, Dervich se mit à grimper à son tour sur la pente des rochers.

Harold voulut l'arrêter, et lui demanda ce qu'il allait chercher. Mais Dervich poursuivit son chemin en repétant :

— Affendi, un bon fruit est meilleur que le miel; Allah est plus prévoyant que nous !

Un arbre magnifique planté sur le flanc de la montagne, étendait ses branches au dessus de la tête des convives ; c'était du côté de cet arbre que Dervich se dirigeait.

— Le superbe figuier ! dit Hobhouse avec admiration, ses fruits brillent au soleil comme les pommes du jardin des Hespérides.

Ce figuier se trouvait à une moindre hauteur que la grotte des abeilles située en face, sur la pente opposée du vallon ; toutefois le chemin pour y arriver était difficile.

Dervich grimpa bravement malgré les observations d'Harold. Il avait à cœur de se montrer aussi courageux et aussi adroit qu'Aswad. Cependant il fut bientôt obligé de s'arrêter pour reprendre haleine. Mais à ce moment Aswad saisit un de ses pistolets à sa ceinture, l'arma, et avant qu'au bruit de la batterie, la troupe occupée à regarder Dervich eût tournéla tête, le coup était parti.

Il y eut un tressaillement de surprise et d'effroi. Les Souliotes étendirent la main sur leurs carabines. Dervich descendit à pas précipités, tomba et se laissa rouler sur le flanc de la montagne en criant :

— Trahison !

Basili s'élança sur Aswad. Mais le jeune homme se redressa et mit la main sur son cimeterre.

— Il a tué Dervich ! dit Fletcher avec stupeur.

Harold et Hobhouse étaient pétrifiés d'étonnement. Mais au milieu du groupe tomba tout à coup, en pirouettant sur elle-même, une superbe branche de figuier chargée de fruits.

— Arrêtez ! cria Harold.

Les Souliotes et Basili s'arrêtèrent

Cette branche de figuier avait été coupée par la balle du pistolet d'Aswad. Le jeune homme la ramassa et la présenta à Harold.

— Affendi, lui dit-il, Aswad est exténué, il ne pouvait pas l'aller chercher.

Harold prit la branche et l'examina avec surprise.

— Merci, Aswad, répondit-il, je vois que ton adresse égale ton dévouement, je ne croyais pas que cela fût possible.

Les figues étaient petites, et néanmoins d'une nuance appétissante. Mais la collation fut soudain interrompue par un bruit de pas et de plaintes douloureuses. Les Souliotes se saisirent de leurs armes. La troupe en un moment fut debout.

Dervich s'était relevé. Il se mit à la tête des Souliotes.

— Les Klephtes ! dit-il, par Allah ! sautons sur nos chevaux !

Avant que la troupe eût exécuté le mouvement ordonné par Dervich, une bande de gens de toute sorte déboucha d'un ravin, dans le plus triste appareil. Ces gens étaient attachés deux à deux, à demi dépouillés de leurs vêtements, et paraissaient bâillonnés. Ils marchaient sous la conduite de quatre hommes armés, qui les frappaient du plat de leurs cimeterres. Une femme était au milieu de cette bande.

— Par Allah! ce sont des Klephtes qui ont fait des prisonniers, dit Dervich. *Allah! hu*[1] *!*

L'escorte d'Harold se replia du côté des chevaux la carabine en joue. Mais les prisonniers élevèrent en suppliants leurs bras liés, et poussèrent un gémissement étouffé par le bâillon.

— Dervich, arrachons ces malheureux aux mains des Klephtes, dit Harold.

A ce moment, les quatre hommes armés crièrent avec menace à la bande qu'ils conduisaient de s'arrêter, et se rejetant en arrière, ils firent feu sur l'escorte d'Harold. Harold, Dervich, Aswad et Hobhouse se précipitèrent en avant le pistolet au poing. La détonation retentit. Un des Klephtes roula sur le sable, les autres coururent à lui, l'emportèrent et s'enfuirent. Les prisonniers tombèrent

[1] Cri de guerre turc.

à genoux en élevant de nouveau leurs mains suppliantes. Harold les fit délier.

Le reste de vêtement qui couvrait ces prisonniers paraissait indiquer qu'ils appartenaient à la classe opulente des Schypetars Mirdites : ils portaient la saie blanche à la Tancrède tombant jusqu'aux genoux. Un d'eux, celui qui paraissait le plus âgé, avait conservé son camail noir à capuchon. Dès qu'il fut délié, il se précipita dans les bras de la femme et versa un torrent de pleurs.

— O Maria ! Maria Caliriote ! disait-il, béni soit Dieu qui nous rend l'un à l'autre !

Puis il vint à Harold.

— Affendi, reprit-il en posant la main sur sa poitrine, Mustapha Constantin est à toi. Tu l'as sauvé ; tu as sauvé sa famille de la cruauté des Klephtes ; tu peux disposer de son bras et de sa bourse !

Les autres prisonniers firent les mêmes protestations. Ensuite Mustapha Constantin, sur les questions d'Harold, raconta qu'ils avaient été attaqués et dépouillés par les Klephtes de Selictar, le lieutenant de Suleyman.

— Ils nous ont entourés à l'improviste à la sortie d'un ravin, dit-il, ils nous ont désarmés. Selictar voulait nous exterminer, j'ai racheté la vie des miens en lui engageant ma fortune. Tu nous as délivrés, que Dieu soit avec toi !

Mustapha Constantin parlait la langue romaïque, mais il entremêlait son discours de phrases latines extraites des livres d'église, ce qui semblait indiquer que le digne Albanais était chrétien orthodoxe. Du reste, le capuchon de son camail noir, relevé sur sa tête, cachait les traits de son visage. Une longue barbe blanche descendait sur sa poitrine. Sa voix était creuse et sourde, son maintien grave et triste.

— Où allais-tu avec ta famille ? demanda Harold.

— Nous irons où tu vas, répondit Mustapha Constantin. Tu le vois, nous sommes demi-nus, nous sommes sans armes ; nous te supplions d'achever notre délivrance, de nous permettre de te suivre jusqu'à la ville ; car nous ne pourrions pas y arriver en l'état où nous nous trouvons ; les Klephtes de Selictar barrent tous les chemins, ils nous extermineraient Aie pitié de nous.

Répondre par un refus à ces supplications, Harold ne le pouvait pas. Cependant Hobhouse vint à lui.

— Milord, lui dit-il en anglais, nous avons fait un exploit digne du grand don Quichotte, s'il faut en croire les suppositions de Dervich ; nous avons délivré des galériens, ou tout au moins des gens qui mériteraient d'aller aux galères : les Klephtes de Suleyman.

— Dervich voit les Klephtes partout où ils ne sont pas, répondit Harold. Il en voyait un ce matin dans la personne d'Aswad, il en verra ce soir dans sa propre casaque ; le Klephte lui trouble la tête. Cette jeune femme, qui paraît avoir été si maltraitée, est-elle donc un Klephte? ajouta Harold en montrant Maria Caliriote, et les misérables qui ont fui quand nous avons tiré, étaient-ils des officiers de police?

— Nous sommes sur la terre classique de la ruse, Harold, dit Hobhouse. Le renard est originaire de ces montagnes.

Harold réfléchit un moment, puis il se tourna du côté de Mustapha :

— Mustapha Constantin, lui dit-il en le considérant fixement, voici que l'on prétend que tu es un Klephte déguisé.

A cette apostrophe directe et menaçante, Mustapha ne sourcilla pas, seulement il parut consterné.

— Affendi, répondit-il d'une voix profonde, voici nos bras, fais nous lier deux à deux comme Selictar nous avait liés, remets-nous le bâillon sur la bouche, mais permets que nous te suivions. Mustapha Constantin sait que les Klephtes sont les fils de la louve et du renard, tu ne les connais pas, il ne s'étonne pas de tes soupçons. Mais fais-le lier à la queue de ton cheval afin d'être assuré qu'il ne te nuira pas ; il te suivra jusqu'à la ville et ne sera point ingrat. Que l'esprit de Dieu t'éclaire !

— C'est bien, dit Harold, persuadé de la sincérité de Mustapha, nous allons reprendre notre chemin.

La troupe remonta à cheval et quitta bientôt le délicieux vallon de la grotte des abeilles. Harold convaincu de l'exactitude du rapport de Mustapha, négligeait toute mesure de précaution, mais le défiant Dervich intervint dans l'ordre de la troupe. Il fit entrer la famille de Constantin au milieu de l'escorte, si bien qu'environnée des Souliotes armés, elle ne semblait pas moins prisonnière que lorsqu'elle se trouvait au pouvoir des Klephtes.

Cette famille se composait de six robustes jeunes hommes, d'une jeune femme et du vieux Mustapha. Les jeunes hommes et la femme n'avaient plus que des lambeaux de vêtements arrachés et souillés de poussière, ils marchaient pieds nus. La femme était très-jolie, mais elle paraissait avoir tant pleuré, et il y avait tant de désordre sur sa personne, qu'on se sentait pénétré, en la voyant, d'un sentiment de pitié plutôt que d'admiration.

La troupe allait au pas. Toutefois, si lente que fût cette marche, la famille de Constantin semblait en souffrir beaucoup. Bientôt Maria fit entendre des plaintes et Harold, en se retournant, vit la figure de la jeune femme mouillée de pleurs. Il lui demanda la cause de ces larmes; alors elle lui montra ses pieds déchirés par les pierres du chemin. Harold la fit monter en croupe d'un Souliote de l'escorte.

Cependant les heures s'écoulaient et la troupe allait de moins en moins vite, attardée par la famille de Constantin. Dervich dit à Harold :

— Affendi, le jour baisse. Si nous ne sortons pas des montagnes avant la nuit, nous tomberons entre les mains des Klephtes de Suleyman.

— Nous ne pouvons pourtant pas abandonner ces malheureux, Dervich, répondit Harold, fais-les monter en croupe de tes Souliotes—comme la jeune femme—et nous prendrons le trot.

— Affendi, abandonnons-les, croyez-moi, et prenons le galop.

Mais Harold insista. Les six cavaliers souliotes reçurent chacun un homme en croupe. Fletcher prit la jeune femme et Basili le vieux Mustapha; puis la troupe se lança au grand trot.

Le jour tombait. L'ombre des montagnes grandissait avec rapidité. Le soleil descendait à l'horizon. Le bruit du pas des chevaux retentissait au milieu du silence.

Aswad, qui, depuis l'arrivée de Mustapha Constantin, n'avait rien dit, observait les nouveaux venus avec défiance. Il se tenait au côté d'Harold et surveillait aussi le chemin. Au froissement du feuillage, des buissons, il portait la main sur la crosse de ses pistolets.

La troupe passait rapidement à travers les ravins. Les chevaux, trempés d'écume, faisaient jaillir le feu des cailloux de la route. Harold, le front penché sur la poitrine, semblait s'abondonner à de soucieuses rêverie.

Mais Aswad éperonne tout à coup son cheval avec fureur, et se précipite en avant. Un coup de feu éclate. Les Souliotes, Basili et Fletcher veulent porter la main sur leurs carabines, toutefois, ils se sentent vigoureusement enlacés par derrière ; en un moment, ils ont les bras liés au corps ; ils ne peuvent se dégager ; de fortes cordes sont nouées autour d'eux. Leurs chevaux les emportent à l'aventure, tandis que les prétendus fils de Constantin les désarment.

Constantin relève son capuchon, arrache sa barbe et montre, aux yeux étonnés d'Harold et d'Hobhouse le visage railleur de Suleyman.

— Affendi, s'écrie Suleyman, je te devais une revanche, je te la donne. Ah ! tu n'as voulu me payer Eminedh, fille de Scombi, que comme une esclave ordinaire ; eh bien, Eminedh est à moi, et tu es à moi. Par Allah, tu es pacha dans ton pays, tu te rachéteras, affendi, le prix qu'il me plaira de t'estimer. Or je t'estime déjà beaucoup.

Harold et Hobhouse mirent le pistolet à la main. Mais deux hommes sautèrent brusquement sur leurs chevaux, et ils se sentirent étreints et liés comme l'avaient été les cavaliers souliotes.

— Pas de résistance, affendi, reprit Suleyman, toujours d'un ton railleur. Je te traiterai comme un sultan, je t'estime autant qu'un sultan. Je te revendrai en outre Eminedh.

— Non, Eminedh n'est pas à toi, s'écria tout à coup Aswad qui revenait à toute bride.

Et le jeune homme, tirant son poignard, coupa avec la rapidité de l'éclair les liens d'Harold, de Hobhouse et de Dervich qui reprirent leurs pistolets et firent feu sur les Klephtes de Suleyman.

Mais la troupe fut aussitôt entourée par des hommes qui sortirent des broussailles, la carabine en joue.

A la tête de ces hommes était Marcos, le neveu de Stylo Bessiaris, primat de Souli.

Aswad, à la vue de Marcos, tressaillit et se précipita vers le bandit en s'écriant :

— Ah ! Selictar, je croyais t'avoir tué !

Une double détonation retentit.

Marcos et Aswad avaient lâché la détente de leurs armes. Aswad se renversa sur sa monture, Marcos tomba à genoux.

A ce moment aux deux bouts du chemin s'élevait un nuage de poussière. On entendait le bruit des pas de chevaux lancés à fond de train.

Suleyman regarda à droite et à gauche avec stupeur, puis il dit :

— Bis millah [1] ! Voici le lion de Souli qui arrive avec ses lionceaux. Affendi ! Eminedh ! il faut nous suivre.

Mais Dervich avait coupé les liens des cavaliers souliotes qui fondirent sur les Klephtes. Ceux-ci, effrayés par les paroles de Suleyman et le bruit du pas des chevaux, se dispersèrent et gravirent les rochers à la hâte.

Aswad était tombé de son cheval, le sang coulait de sa poitrine.

— Affendi, s'écria Suleyman, je te laisse Eminedh, mais Eminedh telle que je te l'ai vendue : c'est-à-dire morte ! Que la foudre d'Allah t'écrase !

A ces derniers mots, le brigand s'enfuit.

Stylo Bessiaris et ses fils arrivaient à la tête d'Albanais.

[1] Au nom de Dieu !

— Je surveillais les misérables, dit le vieux primat en abordant Harold; je me doutais, affendi, qu'ils te tendraient un piége. Mais ils nous échappent!...

Bessiaris fit tirer sur les Klephtes, qui déjà se trouvaient hors de la portée des carabines.

Harold et Hobhouse étaient descendus de cheval. Ils relevèrent Aswad évanoui et le transportèrent sur le talus du bord de la route.

Aswad était pâle. Il avait les paupières closes. Son vêtement était taché de sang. La balle de Marcos l'avait frappé à la poitrine.

Harold inquiet des derniers propos de Suleyman relativement au sort de la fille de Scombi, s'empressa d'ouvrir l'habit d'Aswad.....

Aswad était une femme.

Harold considéra cette femme attentivement au visage, et il comprit ce vague souvenir de ressemblance qui l'avait intéressé tout d'abord.... Aswad était Eminedh.

Eminedh, après avoir reçu le dernier baiser de sa mère, était venue consacrer ses jours à celui qui l'avait sauvée de la mort et rachetée de l'esclavage.

Les rayons du soleil couchant éclairaient la pâle et douce figure de la pauvre jeune fille. Elle ouvrit les yeux, porta la main d'Harold à ses lèvres, et poussa un long soupir.

Puis sa tête se renversa sur le gazon et son souffle s'éteignit.

Bessiaris et ses fils avaient relevé Marcos frappé mortellement à la poitrine comme la fille de Scombi. Le malheureux avoua dans le délire de l'agonie, les crimes dont il s'était fait le complice sous le nom de Selictar.

Eminedh fut ensevelie à Yanina. Mais le souvenir de la fille de Scombi resta gravé dans le cœur d'Harold. De retour en Angleterre, et tandis que l'Europe applaudissait aux stances de l'illustre pèlerin, lui, s'enveloppait de l'incognito pour tracer, dans le recueillement de sa pensée, la douce et belle figure de Kaled, cette compagne fidèle du sombre Lara.

C'est ainsi qu'il donna par ses vers, au souvenir du dévouement de la fille de Scombi, l'immortalité que ne pouvait lui assurer le tombeau de Yanina. A peine en effet, était-il encore possible de lire, il y a quelques années, sur la pierre de ce tombeau, cette inscription écrite en langue romaïque.

A la vierge des montagnes de l'Epire,
Eminedh Scombi,
Dont l'âme n'eut pas d'autre passion que l'honneur.
BYRON *a élevé ce monument.*

MDCCCIX.

Le nom du noble poète, si noble par le cœur, ainsi rapproché sur une pierre tumulaire du nom d'une pauvre fille de l'Albanie, émeut profondément le voyageur.

FIN

TABLE

www.ingramcontent.com/pod-product-compliance
Ingram Content Group UK Ltd.
Pitfield, Milton Keynes, MK11 3LW, UK
UKHW012203240726
13966UKWH00002B/551

9 782011 749703